I LOVE MONDAYS

ARBEIT, DIE DU LIEBST UND FREIHEIT, DIE DU LEBST

Tim Chimoy und Mischa Miltenberger

März 2015
1. Auflage März 2015
www.earthcity.de

© 2015 Tim Chimoy

Gestaltung und Satz:
Kristin Braun
www.kris-braun.de

Umschlagfoto:
Alejandro Escamilla
www.unsplash.com

ISBN-13: 978-1507778524
ISBN-10: 150777852X

Gewidmet all jenen, die Mut zum Scheitern hatten und daran gewachsen sind.

INHALTSVERZEICHNIS

KAPITEL 4
UNKONVENTIONELLE BUSINESS-REGELN 63

KAPITEL 5
INSPIRIERENDE QUERDENKER 75

KAPITEL 1

MONTAGE, MOTIVATION UND TISCHTENNISBÄLLE

WARUM ICH TUE, WAS ICH TUE

Es war im Mai 2014, als ich begann, Ideen für dieses neue Buch zusammenzutragen. Seit fast vier Jahren bin ich nun selbstständig. Immer wieder liest man von den »harten ersten drei Jahren«, bis langsam alles ins Rollen kommt. Ich weiß nicht warum, aber etwas daran scheint zu stimmen. Das erste Mal seit Beginn meiner Selbstständigkeit habe ich seit knapp einem Jahr das Gefühl, dass die Dinge fließen. Ich habe Zeit, mich neuen Aufgaben zu widmen, ohne Angst haben zu müssen, am Monatsende kein Geld übrig zu haben. Das Geschäft läuft – streckenweise auch einmal völlig ohne mich.

Nachdem ich mich im Dezember 2011 von meinem vorherigen Arbeitgeber ein wenig überstürzt verabschiedet hatte, gab es zwar viele Ideen, um selbstständig Geld zu verdienen, so recht funktionieren wollte aber keine davon. Es war der Beginn einer einjährigen Trockenphase, in der ich vor allem von Ersparnissen lebte und zugleich an jeder Ecke meine Ausgaben einschränken musste. Ein Jahr mit nahezu null Einnahmen, einer Menge Instant-Nudeln und vielen schlaflosen Nächten.

Ich hatte mir das alles etwas leichter vorgestellt. Beim Einreichen meiner Kündigung war ich damals noch felsenfest davon überzeugt, dass ich ruckzuck wieder ausreichend Geld verdienen würde. Es las sich alles so leicht auf all diesen englischsprachigen Blogs, die von »Digital Nomad Lifestyle« und »Freedom Business« schrieben.

Viel Geld brauchte ich eigentlich noch nie, um zufrieden zu sein. Trotzdem besitze ich seit jungen Jahren schon das eher unvorteilhafte Talent, über meine Verhältnisse zu leben. Ich kaufe mir keine teuren Dinge. Oder wenn ich es tue, dann nur, weil sie mitunter länger halten als billiger Schrott. Ich brauche kein Auto oder andere Statussymbole, aber ich mag schöne Dinge. Daher rührt zum Beispiel meine Leidenschaft für Designer-Stühle. Besitzen muss ich sie deswegen nicht. Zumindest nicht für immer. Und ich reise leidenschaftlich gerne – das allein kann schon ins Geld gehen.

Ich verließ also Ende 2011 die Sicherheit einer Festanstellung und flog zunächst einmal kräftig auf die Nase. »Wenn nach drei Monaten noch nichts rein kommt, dann bist du gescheitert«, sagte mein Business-erfahrener Onkel. Demnach hätte ich im Grunde schon bald wieder zurück in die sichere Festanstellung gehen müssen, denn nach drei Monaten war nicht viel passiert. Die Zeit verging wie im Flug und ich hatte viel ausgegeben, aber nichts eingenommen. Reicher wurde ich in dieser Zeit nur an Erfahrung. Wie wertvoll das war, wurde mir erst viel später klar.

Zurück in die vermeintlich sichere Festanstellung bin ich aber nicht, im Gegenteil. Es gab für mich kein Zurück. Gedanklich hatte ich alle Brücken hinter mir schon längst eingerissen und zur Sicherheit noch zehnmal in die Luft gesprengt.

Stattdessen habe ich mir Mitte 2012 ein Flugticket nach Südostasien gekauft und bin dort erst einmal abgetaucht. Man lebt dort schließlich viel günstiger, so dachte ich mir. »Baue ich mir halt von dort mein Imperium auf!«

Gut gebrüllt? Von wegen. Nach nahezu vier Monaten in Südostasien kam zwar langsam etwas mehr Geld herein, jedoch waren es rückblickend Peanuts, die ich als Freelancer für CAD-Zeichnungen verdiente. Coconut-

Money. Gerade genug, um in Südostasien zu überleben. Davon konnte ich gerade einmal die Miete zahlen und jeden Tag frische Reisnudeln essen. Die schmeckten immerhin schon deutlich besser als die Instant-Nudeln aus Deutschland.

Kurze Überlegungen, mich aus der finanziellen Not heraus zu prostituieren, scheiterten daran, dass ich mich dafür irgendwie schon zu alt hielt. Ich probierte es also gar nicht erst, auch wenn mich der Gedanke daran einige Monate sehr dazu motivierte, viel Sport zu treiben. Also musste was anderes her.

Um meine Businessideen so richtig zum Laufen zu bringen, nahm ich bereits im Frühjahr 2012 ein privates Darlehen auf. Das Geld nutzte ich für Dinge, die im Nachhinein betrachtet ein völlig falsches Investment waren. Es war damals zu früh für mich. Ich wusste noch nicht, wo dieses Geld wirklich sinnvoll eingesetzt gewesen wäre. Ich gab es unter anderem aus für die Erstellung von Websites (etwas, das ich heute selbst erstellen könnte). Ich investierte zum Beispiel 1.500 Euro für die Erstellung einer Internetseite mit Hilfe eines Programmierers aus Indien. Rückblickend Geldverbrennung. Die Seite wurde schrottig zusammengestückelt und war keine 300 Euro wert. Geld weg.

Ich gab Geld aus für Firmenlogos und Businesskarten. Flog auf die Philippinen, um dort Businesspläne anzustoßen, ohne bereits erste Kunden zu haben. Heuerte dort Freelancer an, hatte aber meine Akquise-Hausaufgaben noch nicht gemacht. Ich prüfte meine Geschäftsideen nicht vorab und unterschätzte die Wichtigkeit von guter Kundenakquise brutal.

Ich probierte mich aus, startete verschiedene Business-Ideen. Manche brachten ein paar hundert Euro im Monat, manche brachten so gut wie nichts oder endeten im Minus. Eine Sache, die ich jedoch konstant von Anfang an betrieb, war das Bloggen. Es half mir durchgehend, Kontakt zu interessanten Menschen aufzunehmen, die ähnliche Dinge bewegten wie mich. Ich tauchte mehr und mehr in die Welt der Solopreneure, digitalen Nomaden und Online-Marketer ein.

Es war nun bereits Anfang 2013. Ich beschloss, dass sich endlich etwas ändern musste. Zurückgekommen aus Südostasien brauchte ich eine Veränderung, packte wieder meine Koffer und ging zurück nach Berlin, wo ich zuvor schon einmal zwei Jahre während des Studiums gelebt hatte. Eine gute Entscheidung, wie sich schnell herausstellen sollte. Nach kurzer Zeit fand ich dort eher zufällig einen ersten Kunden für meine CAD-Zeichendienstleistungen, der mir über die Anfangsmonate in Berlin hinweghalf. Zudem begann ich, Menschen kennenzulernen, die ähnliche Ideale wie ich verfolgten. Ich lernte andere Blogger kennen. Ich traf sogenannte Lifestyle-Designer, die ihre Selbstständigkeit so gestalten, dass sie größtmögliche zeitliche und örtliche Freiheit erreichen. Ich tauschte mich aus und merkte, dass ich gar nicht so verrückt bin, wie mein Umfeld es mir einredete, sondern dass viele Menschen ähnlich ticken.

Zu dieser Zeit begann auch mein Blog langsam ein wenig Geld abzuwerfen. Ich empfahl Produkte und bekam dafür eine Provision.

Meine Architektur-Dienstleistungen kamen ins Rollen – vor allem, da ich den Umgang mit den Werbemöglichkeiten im Netz zunehmend beherrschte. Ich begann, Freelancer aus Osteuropa zu beschäftigen und konnte meine Dienstleistungen somit noch günstiger anbieten. Nur wenige Monate später hatte ich ein festes Team in Rumänien, das für mich die Zeichnungen erstellte.

Im Oktober desselben Jahres begann ich, mein erstes E-Book, *das Handbuch für ortsunabhängiges Arbeiten,* zu schreiben, in dem ich meine Erfahrungen aus den ersten zwei Jahren ortsunabhängiger Selbstständigkeit weitergab – und wurde dabei mit dem Autorenvirus infiziert.

Seither kann ich nicht mehr aufhören zu schreiben und meine selbst gemachten Erfahrungen weiterzugeben. Zudem lerne ich gern von den Erfahrungen anderer und tausche mich mit ihnen aus. Dieses Buch ist ein Resultat davon. Das Schreiben hilft mir, zu reflektieren, was ich selbst auf meinem Weg lerne. Das Sprechen mit anderen Selbstständigen erweitert meinen Horizont und zeigt mir weitere Wege auf. Zudem kann vielleicht der oder die eine oder andere von meinen Storys oder den Storys der anderen Unternehmer in diesem Buch profitieren, wenn er oder sie einen ähnlichen Weg gehen will, aber noch einige Schritte zurück liegt.

Mein lieber Bloggerkollege Thomas Mangold nutzt in seinem Podcast, wenn er sich vorstellt, immer einen Satz, den ich sehr mag und hier zitieren möchte:»Ich bin ein Lernender wie du.« Wir sind beide Lernende. Vielleicht bin ich dir lediglich zwei oder drei Schritte voraus.

Lass uns neugierig bleiben. Dieses Buch ist auch für mich eine Lernkurve. Zusammen lernen macht halt einfach mehr Spaß.

WIE GEHT ES BEI MIR WEITER?

Im letzten Jahr habe ich mein Freelancer-Team noch einmal erweitern können. Alle Ampeln stehen auf Grün. Weitere Projekte laufen parallel. Gemeinsam mit Freunden arbeite ich an einem Onlineshop, für den wir noch langfristige Pläne haben. Hättest du mir vor drei Jahren erzählt, wo ich heute stehe, hätte ich dich für verrückt erklärt.

Die letzten vier Jahre haben mein Leben auf den Kopf gestellt. Der Plan für mein Leben war davor jedenfalls noch ein völlig anderer. Ich habe meine Richtung so ziemlich um 180 Grad gedreht, eine ungewisse Richtung. Aber auch eine spannendere, abenteuerlichere Richtung, die mir meine Tage versüßt. Nicht jeder Tag fühlt sich gut an, aber jeder Tag fühlt sich wie ein Abenteuer an. Mal besser, mal schlechter.

Ich bin übrigens definitiv nicht sonderlich smart oder fleißig. Ich hatte nur ein klares Ziel, das ich unbedingt erreichen wollte und habe nie zurückgeblickt. Das war meine Motivation. Mein Ziel mit diesem Buch ist es unter anderem, dass du ebenfalls deine Motivation findest.

MONTAG – EIN TAG WIE JEDER ANDERE

Der Titel dieses Buches impliziert, dass Montage besonders liebenswerte Tage sind. Dem ist nicht so. Montage fühlen sich in keinster Weise kuscheliger an als Donnerstage oder Samstage. Es sind im Grunde völlig normale Tage, wie jeder andere Tag auch. Die Sonne geht auf und irgendwann auch wieder unter.

Diese ganze Wochenstruktur ist eben nur eine von Menschen erfundene Veranstaltung, die uns im Grunde im Arbeitsalltag eine gewisse Ordnung und Struktur geben soll. Die Amsel, die auf dem großen Ast vor meinem Fenster sitzt, interessiert es hingegen wenig, ob es Sonntag oder Montag ist. Sie wird allerhöchstens froh sein, wenn der Geräuschpegel des Autoverkehrs sonntags ein wenig abnimmt. Ausgeglichen wird dies jedoch durch das sonntägliche Geschrei spielender Kinder in den benachbarten Parks.

Wenn wir also durch unsere Selbstständigkeit in die Position versetzt werden, selbst zu bestimmen, wann wir arbeiten, dann ist dies zugleich ein guter Anlass, auch die uns auferlegte Wochenstruktur zumindest einmal ein klein wenig hinterfragen zu dürfen. Nur ein wenig, keine Angst.

Jeder hat ja so seine Präferenzen. Ich für meinen Teil habe eine Abneigung gegen Sonntage. Zumindest gegen Sonntage, die ich in Deutschland verbringe. Für mich legt sich an diesem aufdiktierten Ruhetag immer ein gewisser Schleier von Depression über die Stadt. Geschäfte bleiben geschlossen, das Leben, so wie es an den anderen sechs Wochentagen stattfindet, kommt zum Erliegen, und Kinderwagen und (oft relativ unausgeglichene) Familienväter und -mütter bevölkern die Straßen (außer in Berlin-Neukölln, da sind es verstrahlte Partygänger). Orte, die eigentlich der Entspannung dienen, wie beispielsweise die Parks, werden überfüllt und mit Hundekot übersät.

Mir fällt sonntags grundsätzlich etwas ein, das ich genau in diesem Moment gerne kaufen würde, aber es nicht kann. Alles geschlossen! Zudem mag ich die Ruhe nicht. Ich gehöre zu den Menschen, die Trubel um sich herum benötigen, um innerliche Ruhe zu finden. Klingt ein wenig verrückt, ist aber nun einmal so. Sonntage sind somit nichts für mich. Sie machen mich ein wenig depressiv. Wie gesagt, eben nur in Deutschland.

Daher bin ich immer froh, wenn montags das Leben wieder seine gewohnte Geschwindigkeit aufnimmt. Auch ein Grund, warum ich mich in anderen Ländern, in denen es den Sonntags-Depri-Schleier nicht gibt, wohler fühle.

Du hältst mich für verrückt? Du findest Sonntage toll und Montage scheiße? Klar: Jemand, der montags um 7 Uhr noch völlig verschlafen aus dem Bett krabbeln muss (nachdem er einen tollen Sonntag hatte), um sich dann mit den blöden Kollegen vorm Kaffeeautomaten über besagtes Wochenende auszutauschen, der wird das vermutlich etwas anders sehen.

»Na, was hast du so am Wochenende gemacht?«
»Och, wir waren im Park spazieren. Unser Hund hat die komplette Wiese zugeschissen. Und du?«
»Ich war Samstag feiern und hab so viel gesoffen, dass ich Sonntag nur komatös vor der Glotze lag.«
»Ah, schön.«

Naja, nee. So ehrlich ist man vor seinen Kollegen nicht. Aber wäre doch mal lustig, oder?

»Just another manic Monday« hat schon Cindy Lauper gesungen. Montage werden seit jeher verteufelt. Freitage werden mit Sprüchen wie TGIF (Thank God its Friday) in den Olymp der Glückseligkeit gehoben. Montag ist also das Schlimmste allen Übels, dann wird es langsam ein wenig besser, bis man beim Freitag angekommen ist und zwei Tage sein Leben halbwegs genießen darf, bis sich das Hamsterrad weiterdreht.

Aber noch einmal zurück zu der Amsel, die sich nicht um die Wochentage schert: Stell dir vor, es würde dir genauso gehen wie der Amsel. Du könntest dich von dem vorgegebenen Rhythmus lossagen und deinen eigenen Rhythmus implementieren. Klingt verrückt? Ist es aber gar nicht so sehr. Mir geht es schon seit Jahren so. Wäre es nicht so, wäre mir der deutsche Sonntag zwangsläufig nicht so unsympathisch, wie er es heute ist.

Wenn du deine Selbstständigkeit mit einem eigenen Business so gestaltest, dass du dich weitestgehend von örtlicher und zu einem gewissen Grad auch zeitlicher Bindung und Verpflichtung löst, dann verlieren die Wochentage ein wenig an Relevanz. Wenn dir dann deine Unternehmung noch so viel Spaß bereitet, dass du sogar gern am Sonntag den Computer aufklappst, dann ist das eigentlich eine ganz gute Sache. Work-Life-Balance brauchst du dann keine mehr. Na gut. Wollen wir es nicht völlig übertreiben. Um sich dem Rhythmus von Freunden oder Familienmitgliedern anzupassen, macht es natürlich weiterhin Sinn, sich mitunter am Wochenende mehr Freizeit zu gönnen als während der (Arbeits-)Woche. Aber trotzdem hat man ganz andere Möglichkeiten und sollte sich diese auch bewusst machen. Ich für meinen Teil arbeite sonntags auch ganz gern, jedoch immer nur an Dingen, die nichts mit dem Kundengeschäft zu tun haben. So nutze ich Sonntage oft zum Schreiben. Wenn ich dann während der Woche mal einen Tag frei nehme, kann ich das ohne schlechtes Gewissen.

Es geht dabei gar nicht um die Frage, wie man seine Woche aufteilt. Mir geht es in diesem Buch darum, dir zu helfen, dein Leben so zu gestalten, wie es für dich ganz persönlich Sinn macht und dir entspricht. Du sollst inspiriert werden, dein Einkommen auf eine Weise zu generieren, die dir ermöglicht, einen Alltag zu leben, der sich nach deinen Bedürfnissen richtet. Durch meine Geschichte und die anderen Beispiele in diesem Buch.

Ortsunabhängiges Arbeiten zum Beispiel nutzen viele Menschen, um sich in wärmeren Klimazonen aufzuhalten, um unter Palmen zu arbeiten oder um etwas von der Welt zu sehen. Genauso kann es aber auch ein Familienvater nutzen, um beim Arbeiten näher bei den Kindern zu sein. Mehr örtliche und zeitliche Freiheit durch ein eigenes Business ist nur ein Werkzeug. Es kann auf vielerlei Weise genutzt werden, um dir dein Wunschleben aufzubauen.

Ich persönlich beginne meinen Arbeitstag meist erst gegen 11 Uhr, arbeite dann aber auch oft bis 21 oder 22 Uhr. Den Morgen nutze ich für Sport oder Erledigungen. Ich brauche diese Zeit um warmzulaufen, denn ich bin definitiv kein Morgenmensch. In meiner Zeit als Angestellter in einem großen Unternehmen habe ich gegen meine innere Uhr gelebt, da ich meist schon um 8 Uhr morgens im Büro sein musste.

Angeblich hat ja der liebe Gott persönlich die Sieben-Tage-Woche eingeführt und zugleich den Sonntag als Ruhetag bestimmt. Wenn man, so wie ich, kein Anhänger der Schöpfungsgeschichte ist, dann ist unsere Wochenstruktur nichts anderes als eine Erfindung von Kirche und Herrschenden, um die Menschen sechs von sieben Tagen ohne Murren auf die Felder schicken zu können. Hat so ja auch über viele Jahrhunderte gut funktioniert. Hinterfragt hat es aus Mangel an Alternativen keiner. Aber die Zeiten haben sich geändert. Heute ist der Aufbau einer eigenen erfolgreichen Unternehmung keine Frage der Bildung oder des Standes mehr. Es ist eine Frage des Willens und des Durchhaltevermögens.

Also, Montage sind – von religiösen Vorstellungen einmal abgesehen – völlig normale Tage und unterscheiden sich nicht im Geringsten von jedem anderen Tag in der Woche. Aber, wie gesagt: Es geht hier eigentlich gar nicht um den Montag. Den Montag zu mögen, ist einfach nur ein erster guter Schritt zu deinem neuen Mindset! Los geht's.

MEINE MOTIVATION UND DEINE MOTIVATION

Warum hast du dieses Buch gekauft? Ich weiß, es hat ein schönes Cover. Aber da muss noch mehr gewesen sein. Irgendwas hat dich angelockt. Ich vermute, dein Plan ist es, selbstbestimmter und nach *deinen eigenen Regeln* zu leben. Aber da ist wahrscheinlich noch eine konkretere Intention. Irgendein bestimmtes Ziel. Du möchtest auswandern. Du möchtest mehr Spaß im Arbeitsalltag. Du möchtest von zu Hause aus arbeiten. Du möchtest mehr Geld verdienen. Du möchtest dir jederzeit mal einen Tag frei nehmen können. Irgendwo steckt da sicher etwas ganz Bestimmtes, und das ist gut so.

Ein »Lifestyle Business«, wie es im Englischen oft genannt wird, also ein Business, das dir helfen soll, deinen idealen Lebensstil umzusetzen, ist ein Werkzeug. Wie du es konkret nutzt, das solltest du dir vorher überlegen, denn das hat auch Einfluss darauf, was du machen möchtest. Ist dir zum Beispiel Ortsunabhängigkeit wichtig? Warum ist sie dir wichtig? Wie willst du sie nutzen? Die Menschen, die ich im Zuge dieses Buches interviewt habe, und auf die ich später noch genauer eingehe, hatten alle extrem unterschiedliche Motivationen.

Motivation ist wichtig. Was war also meine Motivation, dieses Buch hier zu schreiben?

Meine Motivation ist es, dir Mut zu machen. So viel Mut, dass du eine anfängliche Trockenzeit, wie ich sie hatte, auch überstehen kannst. Am Ende des Tunnels ist immer Licht (es sei denn, es ist gerade Nacht). Aber mal Spaß beiseite. Tatsache ist: Wenn du es wirklich willst und für deine Idee brennst, dann schaffst du es auch, dir deinen eigenen Job zu bauen, selbstständig zu arbeiten und die ganze Sache so aufzubauen, dass du größtmögliche Freiheit dabei gewinnst – und dich im besten Fall auch noch selbst verwirklichst und viel Spaß dabei hast.

Was du dazu brauchst, das sind Durchhaltevermögen, Mut und den Willen, Qualität abzuliefern. Egal, ob du Zahnpasta-Abos im Internet verkaufst oder ein ganzes E-Commerce-Imperium aufbaust. Durchhaltevermögen und Hingabe sind die Schlüssel. Lass dich von mir in diesem Buch inspirieren und lade deine Durchhalte-Batterien auf, so weit es geht.

Ich nehme dich mit auf eine Reise durch meine eigene Lernkurve und die Lernkurve einiger anderer. Es geht um die richtige Einstellung, Strategien zum Erfolg, Wege zu mehr Durchhaltevermögen und vor allem um inspirierende Menschen, die ihr Ding durchgezogen haben. Ich habe mich bemüht, bei den Protagonisten dieses Buchs sehr unterschiedliche Menschen auszuwählen und so wirklich verschiedenste Möglichkeiten, Sichtweisen und Herangehensweisen zu zeigen. Es gibt schlichtweg nicht den einen richtigen Weg. Es gibt tausende von Wegen. Die vorgestellten

Menschen in diesem Buch sollen neben der Inspiration auch dazu dienen, dir die Vielfalt der Möglichkeiten vor Augen zu führen und vor allem, dass es sich lohnt, die eigenen Ambitionen hochzuhalten.

Meine Motivation ist es also, dir einen Schubser zu geben, endlich dein Leben in die Hand zu nehmen und nach deinen eigenen Regeln zu leben. Das geht wirklich am besten, in dem du dich auch beruflich auf eigene Beine stellst. Ich freue mich auf viele weitere neue Selbstständige, Freelancer und Unternehmer, die die Welt mit ihren Ideen bereichern und diese dann auch konsequent umsetzen.

Auf meiner Website www.earthcity.de biete ich Menschen eine Plattform, die zeit- und ortsunabhängiger arbeiten möchte. Vielen dieser Menschen fehlt vor allem Mut. Ich hoffe daher, dass dieses Buch dir dabei hilft, den Mut zu finden, vom Träumer zum Macher zu werden.

Eine konkrete Anleitung, wie man eine eigene Unternehmung aufbaut, liefere ich in diesem Buch nicht. Warum nicht? Weil es sie schlichtweg nicht gibt. Daher beschränke ich mich lieber darauf, dir einen Überblick über die Möglichkeiten zu geben, die du zur Verfügung hast, und dich zu inspirieren. Such nicht nach einer Anleitung, sondern leg einfach los.

DEINE MOTIVATION

Die Lethargie, in die man gleich zu Beginn verfallen kann, kenne ich nur allzu gut, denn ich war selbst einmal in ihr gefangen. Man wird von Ängsten und einem Gefühl der Überforderung zurückgehalten und verfällt in eine Schockstarre. Im Kopf laufen Filme ab, was du alles erreichen möchtest und wie das Leben einmal aussehen sollte, jedoch ergreifst du nicht die nötigen Schritte, um dorthin zu kommen. Du bist dir sicher: »Ja, ich werde das alles angehen. Morgen. Oder übermorgen.« So verfliegt die Zeit. Doch es passiert nichts.

Nach der Arbeit noch am Rechner sitzen, um sich langsam eine Selbstständigkeit aufzubauen? Zu müde. Außerdem läuft heute noch die Tatort-

Wiederholung. Die Tage schleichen so langsam ins Land, ohne dass etwas voran geht. In diesem Buch findest du die Motivation, um dich endlich in den Umsetzungsmodus zu bringen und die Lethargie zu durchbrechen. Lass uns gemeinsam mit dem Träumen aufhören und die Lokomotive zum Laufen bringen.

Die größte Motivationsbremse war für mich immer die schiere Masse der vor mir liegenden Aufgaben. Hier hilft nur, diese konsequent abzuarbeiten und sich dabei eher kleine Ziele zu stecken, anstatt immer auf das große Ziel zu schielen. So wirkt alles erreichbarer. Ganz entscheidend dabei ist es, auch wirklich die Dinge anzugehen, die dich voranbringen und dich nicht im Klein-Klein zu verlieren. Weil ich diesen Punkt so unglaublich wichtig finde, möchte ich hier gleich zu Beginn noch einmal ausholen: Es geht um Tischtennisbälle, Kieselsteine und Sand.

TISCHTENNISBÄLLE, KIESELSTEINE UND SAND

Einfache Übung. Man nehme eine große Salatschüssel und fülle handelsübliche Tischtennisbälle, kleine Kieselsteine und Sand hinein. In welcher Reihenfolge würdest du diese in die Schüssel schütten?

Logisch, würdest du mit dem Sand beginnen, würde dieser auf dem Schüsselboden liegen und allein bereits viel Platz in Anspruch nehmen. Schüttest du erst im zweiten Schritt die Kieselsteine hinein, würden diese oben auf dem Sand liegen bleiben und eine zweite Schicht bilden. Die Tischtennisbälle würden nun bereits nicht mehr in die Schüssel passen.

Besser sieht es aus, wenn du andersherum vorgehst und zuerst die Tischtennisbälle hineinschüttest. Die Kieselsteine würden, wenn du die Schüssel ein wenig schüttelst, den freien Platz zwischen den Tischtennisbällen einnehmen. Genauso würde im letzten Schritt der Sand den freien Platz zwischen den Kieselsteinen füllen. Es bleibt Platz für die Bälle, die Steine und auch den Sand. Es ist also manchmal unglaublich wichtig, in welcher Reihenfolge man vorgeht. Man muss Prioritäten setzen, damit am Ende alles in die Schüssel passt. Oder eben ins eigene Leben, denn dafür steht in diesem Fall die Schüssel.

Die Tischtennisbälle stehen für die wirklich wichtigen Dinge. Das sind allein die Dinge, die für dich immer noch eine Rolle spielen, wenn du wüsstest, dass nächste Woche ein Komet die Erde zerstört. Partner, Familie, Freunde, Momente, Erinnerungen, Leidenschaften. Das Essentielle im Leben, das dir Halt und Hoffnung gibt.

Die Kieselsteine sind in dieser Analogie die Dinge, die dich im Leben wirklich langfristig voranbringen und dazu beitragen, dass du dir ein stabiles Einkommen aufbaust und ein glückliches Leben führst. Das kann deine Finanzplanung sein, das kann das Buch sein, das du schon so lange fertigstellen wolltest, es kann aber auch der Schritt in die Selbstständigkeit sein, der dir schon so lange im Kopf rumschwirrt. Dinge, die nachhaltigen Einfluss auf dein Leben haben. Auch Dinge, die du gerne verschleppst und unnötig hinauszögerst, können zu den Kieselsteinen gehören. Das können Telefonate sein, die du schon lange vor dir herschiebst, weil sie unangenehm sind, aber dringend.

Der Sand sind die Dinge, die links und rechts des Wegen anfallen, aber eigentlich gar nicht so wichtig sind. Dinge, die einem im Moment unglaublich wichtig erscheinen können, aber keine Langzeitwirkung entfalten. Kleine Aufgaben, die jeden Tag anfallen. E-Mails schreiben, Schriftverkehr abarbeiten, Steuern machen, Aufräumen. Diese Dinge müssen gemacht werden, aber sie sollten immer zuletzt kommen. Dann, wenn die wichtigen Dinge bereits ihren Platz eingenommen haben. Oft habe ich meine Tage mit den kleinen Aufgaben begonnen und mich in ihnen verloren. Am Ende des Tages habe ich dann zwar 100 E-Mails versendet, meinen Desktop aufgeräumt und viele Punkte auf der To-do-Liste abhaken können. Aber es blieb keine Zeit mehr, um mein Buch weiterzuschreiben oder die neue Marketingstrategie zu implementieren.

Zukünftig immer den wirklich wichtigen Dingen die zeitliche Priorität einzuräumen, war für mich eine der besten Entscheidungen, die ich je getroffen habe – und ich übertreibe nicht. Diese Entscheidung sorgte dafür, dass ich langfristige Ziele wesentlich schneller erreicht habe, was dann zugleich weiter anspornt und motiviert.

Mein wichtigster Rat daher: Starte nicht mit deinen E-Mails in den Tag. Oder wenn es gar nicht anders geht, begrenze dich auf eine halbe Stunde und halte diese Zeit konsequent ein. Arbeite an deinen langfristigen Zielen. Für mich als Blogger und Autor bedeutet das: Bevor ich nicht mindestens 2.000 Wörter geschrieben habe, ist jede andere Aufgabe nebensächlich. Wichtiger ist höchstens nur noch, Zeit für Freunde und Familie zu reservieren.

Die oben beschriebene Analogie stammt übrigens nicht aus meiner Feder. Es finden sich verschiedenste Versionen davon im Netz. Vielleicht findest du auch noch eine Analogie, die dir besser gefällt. Hauptsache ist, dass du immer im Hinterkopf behältst, deine Prioritäten im Griff zu haben. Der Rest geht dann fast wie von allein.

KAPITEL 2

DIE WELT STEHT DIR OFFEN. ODER?

TORWÄCHTER UND LÜCKEN IM ZAUN

Nicht eine Sekunde habe ich vor meinem 30. Lebensjahr daran gedacht. Selbstständigkeit war für mich etwas, über das man höchstens mal nach 20 Jahren im Arbeitsleben sinnieren könnte. Oder in das man hineinwächst, wenn der Vater oder die Mutter bereits ein Unternehmen haben. Schließlich benötigt man viel Geld dafür, so dachte ich. Außerdem erschien all die Bürokratie wie eine unüberwindliche Hürde. Vom finanziellen Risiko mal völlig abgesehen. Eine Selbstständigkeit, die scheitert, könnte mein gesamtes Leben versauen. So war die Vorstellung, irgendwo tief hinten in meinem Kopf.

Warum also Gedanken an etwas verschwenden, was völlig abstrus und unrealistisch erschien? Ich musste mein Glück im Angestelltendasein finden und es irgendwie schaffen, zwischen Geld verdienen und Spaß an der Arbeit die richtige Mischung zu finden. Aber das gelang mir nie. Arbeit machte Spaß oder brachte mir ein gutes Einkommen. Eine Kombination aus beiden schien nicht in Sicht zu sein. Mir diese Kombination selbst zu schaffen, war ja (aus zuvor genannten Gründen) keine Option.

Heute weiß ich, dass meine Vorstellung einfach veraltet war. Aber woher sollte ich es auch besser wissen? Dass ich mit meinen Vorstellungen von Selbstständigkeit der Zeit ein wenig hinterhinkte, lag sicher daran, dass ich die falschen Informationsquellen hatte. In der Schule und vor allem auch in der Uni wurde Selbstständigkeit immer mit klassischem Unternehmertum gleichgesetzt. Auch wenn das nicht mein Plan war: Selbst für einen schnöden Kiosk benötigt man schließlich einen Batzen Geld.

Aber was macht diesen gewaltigen Unterschied zum heutigen Unternehmertum aus, das es vor gerade einmal zehn Jahren in dieser Form noch nicht gab? Du wirst es sicher schon ahnen. Es nennt sich Internet und existiert schon etwas länger. Das erste Mal bin ich mit ihm vor zwanzig Jahren in Kontakt gekommen. Jedoch waren in den ersten zehn Jahren seiner Existenz noch nicht die umfassenden Möglichkeiten vorhanden, die es in den letzten zehn, teilweise erst in den letzten vier bis fünf Jahren hervorgebracht hat.

Ich möchte mich hier nicht über die unglaublichen Möglichkeiten des Internets auslassen und welch gewaltigen Einfluss es auf unsere gesamte Gesellschaft hat. Das ist an anderen Stellen schon so häufig geschrieben und gesagt worden und mittlerweile bei nahezu jedem Menschen angekommen. Wenn die Menschheit in den letzten 100 Jahren mit 200 km/h über die Autobahn gebrettert ist, was ihre technische Entwicklung und ihre Vernetzung untereinander angeht, dann haben wir vorgestern gerade erst den Lichtgeschwindigkeits-Antrieb entdeckt und sind gerade auf dem Weg in eine andere Galaxie. Irgendwie so könnte man es vielleicht in Relation bringen, um zu erläutern, was gerade für eine unglaubliche Entwicklung im Gang ist. Darum geht es aber auch gar nicht. Fakt ist, dass die Entwicklung in vielen Bereichen eine irre Kettenreaktion ausgelöst hat, die die Möglichkeiten jedes Individuums vertrilliardifiziert. Oder kurz gesagt: Keiner muss heute mehr als gelangweilter und unmotivierter Angestellter mit etwas sein Geld verdienen, wenn er oder sie sich nicht aus irgendwelchen Gründen bewusst dafür entscheidet. Limitiert sind wir (zumindest wir, die glücklichen Lottogewinner, die in einem wohlhabenden Land geboren wurden) nur noch durch unsere eigene Trägheit.

Womöglich fragst du dich nun: Aber was haben das Internet und diese ganze weltweite Vernetzung jetzt so Unglaubliches ausgelöst, das mir jetzt ermöglichen soll, mein Geld problemlos auf eigene Faust zu verdienen? Gerne gebe ich dir ein paar Beispiele und fange einfach einmal mit mir an.

Ende 2013 habe ich mein erstes Buch veröffentlicht. Ein kleines, kompaktes Buch mit dem Titel *Handbuch für ortsunabhängiges Arbeiten*. Dieses Buch bietet eine Einführung in die wichtigsten Themen rund um ortsunabhängige Selbstständigkeit und digitales Nomadentum. Es war (abgesehen von meiner Masterarbeit) mein erstes längeres Werk. Durch die Unterstützung meiner Leser auf dem Blog landete es innerhalb von ein bis zwei Monaten auf der Bestseller-Position einer beliebten Kategorie im Amazon-Shop. Seither hat mir dieses Buch in etwas mehr als einem Jahr über 15.000 Euro an Einnahmen beschert. Ich habe zuvor nicht einen einzigen Verlag angeschrieben, habe mich nicht einmal um einen Verleger bemüht und habe keinen einzigen Cent investiert, von den vielen Cappuccinos während des Schreibens des Buches einmal abgesehen. Durch das Selbstverlegen, wie es heute im Netz problemlos möglich ist, habe ich alles selbst in der Hand und bekomme 70 Prozent des Reingewinns für die Bücher direkt in meine eigene Tasche. Vor zehn Jahren noch hätte ich mir einen Verlag suchen müssen und wäre mit sehr hoher Wahrscheinlichkeit abgelehnt worden. Mein Buch hätte es niemals gegeben. Die Verlage, die jahrzehntelang darüber bestimmt haben, wer zum Autor wird und wer nicht, sind heute nicht mehr die Torwächter. Man kann sie umgehen und genauso erfolgreich sein, ohne ihre Hilfe in Anspruch zu nehmen. Wenn du ein erfolgreicher Autor werden willst, dann liegt es ganz allein an dir.

Ein anderes tolles Beispiel sind Tobias und Armin. Tobias hat sich vor einigen Jahren unsterblich in Kirgistan verliebt. Jedoch nicht nur in das Land, sondern auch in eine ganz bestimmte Kirgisin, die der Auslöser für ihn war, sich für einen Umzug nach Bischkek zu entscheiden. Und was macht man am besten, wenn man etwas unbedingt möchte? Man setzt alle Hebel in Bewegung, es zur Realität werden zu lassen. Armin stand vor dem Problem, dass er sich seinen Job in Bischkek selbst erschaffen musste, wenn sein Traum vom Umzug nach Kirgistan wahr werden sollte. Er wollte flexibel bleiben, etwas Eigenes aufbauen. Es gab keine Alternative. Also beschäftigte er sich mit Möglichkeiten, vor Ort ein Produkt zu schaffen, das man – verpackt mit einer guten Story – in Deutschland unter die Leute bringen könnte. Tobias übernahm die Belange in der Heimat und die beiden entwickelten die Idee für ein Produkt. Es fehlte ihnen jedoch das Geld, um dieses Produkt in Serie gehen zu lassen. Was taten die beiden also? Sie nutzen eine Art des Crowdfundings, um ihr Produkt bereits vor der Produktion verkaufen zu können. Bei dieser Methode des Crowdfundings (unter anderem bei www.startnext.de) unterstützt man die Herstellung des Produktes mit einem zuvor gezahlten Betrag und erhält das fertige Ergebnis einige Monate später, wenn die Produktion mit dem gesammelten Geld anlaufen konnte. Mit dieser Methode waren die beiden so erfolgreich, dass sie vor Kurzem bereits die zweite Crowdfunding-Kampagne angestoßen haben. Auch hier haben die beiden die Torwächter umgangen. In diesem Fall die Investoren, bei denen sie mit ihrer Geschäftsidee hätten Geld sammeln müssen, um eine erste Produktion finanzieren zu können. Auch klassische Investoren sind heute kein Muss mehr, um eine Idee umzusetzen. Man kann Produkte online verkaufen, bevor sie überhaupt hergestellt wurden. Die Produkte von Tobias und Armin findest du übrigens unter www.kancha.de.

Als Letztes sei Mars erwähnt, von dem wir später noch einmal hören werden. Mars a.k.a. Marius hat schon seit seiner Jugend gern gezeichnet und ist früh aufs digitale Zeichnen umgestiegen. Seine Werke sind wild, experimentell, grell. Am besten kann man es mit »cyber-punkig« beschreiben. Die Zielgruppe dafür wäre auf klassischen Wegen nur schwer zu finden. Zu sehr gehen seine Zeichnungen in eine Nische, die von allgemeinen Illustratoren selten besetzt wird. Seine Art zu zeichnen trägt eine ganz bestimmte Handschrift und fällt auf. Für Mars stand früh fest, dass er von seiner künstlerischen Arbeit leben möchte. Es dauerte aber ein wenig, bis ihm dies gelang, nachdem er erkannt hatte, dass er das Publikum und die Kunden für seine Arbeit online finden würde. Im Netz bekommt nahezu jede Nische das passende Publikum. Denn dort ist es ein Leichtes, Dinge zu einem bestimmten Thema zu finden. Mit der Fokussierung auf die Onlinevermarktung seiner Zeichnungen hat auch Mars einen Torwächter umgangen. Anstatt sich für eine Agentur zu prostituieren oder seine Arbeiten als Kunstwerke anzubieten und sich der Meinung anderer unterzuordnen, hat Mars die Vermarktung komplett selbst in die Hand genommen – und dies sehr erfolgreich.

Das waren nur drei kurze Geschichten von Menschen, die verstanden haben, dass in vielen Bereichen niemand mehr ist, der darüber entscheidet, ob du weiterkommst oder nicht. Es liegt allein an dir. Zwar gibt es nach wie vor trotz aller offenen Tore noch klassische Rückschläge in Form von noch nicht völlig verschwundenen Torwächtern. Aber wer es immer wieder versucht und von seinen Versuchen lernt, wird irgendwann dorthin kommen, wo er gerne sein möchte. Davon bin ich heute felsenfest überzeugt. Die Nischenkraft des Internets wird jeden Tag größer. Zwischen dir und deinem Erfolg liegen nur die drei Buchstaben: TUN.

DER PORTFOLIO-MENSCH

Ich habe einen Master of Science in Construction Management. Ich habe ein Ingenieurs-Diplom im Bereich Architektur. Zudem habe ich ein Seepferchen und ein silbernes DLRG-Abzeichen. Mit sieben Jahren war ich Schützenkönig im Märchenwald. Titel über Titel. Aber was sagen sie aus? Sie sagen zum Beispiel nicht aus, dass mein Studium zum Master of Science regelrecht ein Witz war. Die Klausuren waren so einfach, dass ich so gut wie nie dafür lernen musste. Sie sagen nicht aus, dass ich mich mit Mühe und Not durch das deutlich schwerere Architekturstudium durchgekämpft und mir beim Modellbau häufig die Nächte um die Ohren geschlagen habe. Sie sagen nicht aus, dass ich das Seepferdchen erst im zweiten Anlauf bekam. Titel sagen nichts aus. Und trotzdem sind sie uns so furchtbar wichtig. Das einzige, was wirklich etwas aussagt, sind demonstrierte Erfahrungen.

Aber gehen wir erst noch einmal einen Schritt zurück. Die meisten unserer Eltern bestiegen noch die klassische Karriereleiter. Nach dem Schulabschluss oder der Uni ging es in ein Unternehmen. Diesem blieb man bis zur Rente treu oder hat höchstens ein- bis zweimal in seiner gesamten Karriere das Unternehmen gewechselt. Die Jobs waren – solange man sich nicht völlig daneben benahm – sicher. Ein Wechsel in ein anderes Unternehmen hatte höchstens taktische Gründe oder vielleicht noch mit einem Umzug in eine andere Stadt zu tun. Man durfte abends um 18 Uhr nach Hause gehen, ohne ein schlechtes Gewissen zu haben. Bezahlt wurde in erster Linie die Anwesenheit. Klar, auch Leistung zählte. Aber nicht in dem Maß wie heute. Manch einer pupste sich auf seinem Bürostuhl fest und schob fleißig Akten von links nach rechts. Heute werden die Mitarbeiter mit Performance-Indikatoren und all solchen komischen Zahlen bewertet.

Meine Eltern haben mich nie bewusst in irgendeine Richtung gedrängt und mich in allem unterstützt. Aber ihre Ratschläge, Wünsche und Vorstellungen für mich zeigten irgendwie doch in die Richtung einer Unternehmenskarriere. »Das Beste fürs Kind« – oder eben das, was man für das Beste hielt. Dass die klassische Karriereleiter mittlerweile aus lauter angesägten Stufen besteht, finden viele junge Leute mit der Zeit erst selbst heraus. Das Märchen vom sicheren und erfüllenden Job im Konzern hält sich tapfer. In Wahrheit werden Menschen schneller gefeuert, müssen mehr leisten und sind einfach austauschbarer geworden.

Trotz all dem gibt es noch viele Menschen, die in ihrer Festanstellung zufrieden sind. Für all jene, für die Anwesenheitspflicht kein Problem ist, mag eine Anstellung in einem Unternehmen immer noch ein guter Weg sein. Aber man sollte trotzdem auf die veränderten Rahmenbedingungen reagieren. Man sollte auch als Angestellter wie ein Selbstständiger denken. Das Unternehmen ist der Kunde, du bist der Dienstleister. Und Kunden können abspringen, wenn man seine Arbeit nicht gut macht. Häufige Jobwechsel, selbst branchenübergreifend, werden immer mehr zur Normalität. Ein Job fürs Leben wird zum Job für den Lebensabschnitt.

Zu beobachten war dieses Phänomen beispielsweise während der Bankenkrise in den USA. Banker wurden reihenweise vor die Tür gesetzt. Es gab keine Jobs mehr für sie, nirgendwo. Ihnen blieb keine andere Wahl, als sich neue Beschäftigungsfelder zu suchen. Einige Banker fanden Jobs in der Realwirtschaft, andere Banker machten sich selbstständig – als Plätzchenbäcker, Autoren oder Weinhändler. Es gab keine Nische, die nicht von einem Banker besetzt wurde. Ihre vorherigen Jobtitel spielten keine Rolle mehr.

Das Sammeln von Jobtiteln rückt in den Hintergrund, wenn diese mit einem Schlag nichts mehr wert sind. Erfahrungen verlieren dagegen nie ihren Wert. Sie zu sammeln ist nachhaltiger, als Jobtitel anzuhäufen. Karrieren werden in der nahen Zukunft immer seltener geradlinig verlaufen. Erfahrungen werden zum Vermögen des Portfolio-Menschen. Uniabschlüsse und Jobtitel wollen weiterhin beeindrucken, aber sie werden in Lebensläufen keine große Rolle mehr spielen. Es gibt Tausende von Menschen, die die gleichen Abschlüsse und Jobtitel in ihrem Lebenslauf stehen haben. Wer aber mit ganz eigenen Erfahrungen und Lebenswegen punkten kann, hat gewonnen. Das müssen gar nicht unbedingt Erfahrungen sein, die man – so wie die Jobtitel auch – in seinem Lebenslauf auflistet. Es geht vielmehr um Erfahrungen, die einen befähigen anders zu denken und aufzufallen, die man auf kreativere Weise demonstrieren kann oder die durch geschickte Selbstvermarktung auf anderen Kanälen zu finden sind.

Ich blogge nun seit über vier Jahren. Überall im Netz gibt es Infos über mich, zumindest fühlt es sich so an, wenn ich mich google. Im Januar 2011 sah das noch ganz anders aus. Da fand man über mich auf Google höchstens ein altes Schulfoto und mein Profil bei StudiVZ. Ich habe mittlerweile überall meine Spur hinterlassen. Selbst wenn ich wollte, könnte ich diese nicht mehr verwischen. Warum auch. Sind ja keine Partyfotos, sondern Content, bei dem ich mir in der Regel eine Menge Gedanken dazu gemacht habe. Wer etwas über mich wissen will, der findet etwas. Was findet er? Meine Erfahrungen. Ich brauche keinen Lebenslauf. Reichen würde ein Kärtchen mit dem Aufdruck »Google mich«.

Was ich damit sagen will. Wer heute im Netz nicht zu finden ist, sich allzu sehr versteckt und nicht zumindest in gewissem Maße Eigenwerbung betreibt, der ist nicht existent.

Die Welt steht dir offen. Aber du musst dich auch öffnen für die Welt. Liste deine Erfahrungen und Kenntnisse nicht in einem Curriculum Vitae auf, sondern teile sie. Im Netz. Nimm an der Diskussion da draußen teil. Habe eine Meinung. Werde nicht zum ängstlichen Technikverweigerer, der

Facebook nicht benutzt, weil die NSA sonst sehen könnte, dass er gern mal einen über den Durst trinkt.

Wir werden immer mehr zu Portfolio-Menschen. Das ist unaufhaltsam. Vollverweigerer und »Im Netz benutze ich nur Synonyme«-Personen werden irgendwann starke Nachteile spüren. Wir glänzen durch unsere Erfahrungen. Die Erfahrungen werden unser Portfolio. Unser Portfolio müssen wir nach außen tragen – im Netz, und nicht in einer staubigen Auflistung auf einem Blatt Papier.

Klar, manche Dinge möchte man lieber nicht in die Öffentlichkeit tragen. Weder eine NSA noch sonst irgendwer muss wissen, was in meiner engsten Privatsphäre passiert. Niemand muss wissen, was ich beim Sex am liebsten mag. Niemand muss wissen, ob ich morgens Nutella auf meinen Käse schmiere oder gleich pur löffle. Aber jetzt kommt der Knackpunkt: Wer konsequent NICHTS in die Öffentlichkeit trägt, der ist letztlich nicht nur ein unbeschriebenes Blatt, sondern auch viel gefährdeter, dass negative Informationen – wenn sie denn einmal im Netz sind – sehr viel Aufmerksamkeit bekommen. Wer gezielt Informationen über sich im Netz preisgibt, der behält die Kontrolle über das Bild, das er in der Öffentlichkeit abgibt. Dabei sollt man nichts vorgaukeln. Man sollte lediglich Informationen bewusst streuen sowie seine Stärken und Erfahrungen nach außen kommunizieren – und gleichzeitig seine Schwächen und Geheimnisse entsprechend anders behandeln.

NISCHENKRAFT DES INTERNETS

Die Nischenkraft des Internets. Von ihr haben wir im letzten Abschnitt schon gesprochen. Nahezu egal, was du anbietest: Du findest immer jemanden, der sich dafür interessiert und bereit ist, für dein Angebot zu bezahlen. Nicht immer, aber fast immer. Ich kenne die abstrusesten Geschäftsmodelle und sie funktionieren, wenn man es geschickt anstellt. Kein Scherz: Ein Bekannter von mir, Freund eines guten Freundes, verkauft seine getragenen Socken im Internet an gleichgeschlechtlich orientierte

Männer mit Sneakers-Fetisch. Es gibt Menschen, die sich von getragenen, nach Käse riechenden Sneakern sexuell angezogen fühlen. Auch die entsprechenden, nach Schweiß riechenden Socken haben für sie einen sexuellen Reiz. Vor allem, wenn sie von einem sportlich aussehenden Mann getragen wurden. Jeder so, wie er will. Mit dem Verkauf seiner schweißigen Socken finanziert er sich aktuell sein Studium. Schöner Nebeneffekt: Er kann sich im Wochentakt neue Socken kaufen.

Dieses kleine, etwas ungewöhnliche Beispiel demonstriert die unglaubliche Nischenpower des Internets sehr gut. Ein Grund, warum auch die Pornoindustrie immer mehr in die Nischen geht. Während man vor zehn Jahren nur den allgemeinen Porno-Geschmack abgedeckt hat, gibt es heute für jeden noch so kleinen Fetisch einen Markt. Warum ich das Beispiel Porno hier erwähne, liegt vor allem daran, weil es das größte Geschäft im Internet überhaupt ist. Es gibt nur wenige Menschen auf diesem Planeten, die ohne zu flunkern behaupten können, nicht zumindest hin und wieder eine Pornowebsite aufzurufen. Wenn du zu dieser Gruppe gehörst: Herzlichen Glückwunsch! Auch du gehörst zu einem Nischenmarkt. Den Pornoverweigerern. Auch Pornoverweigerer sind eine Nischen-Marktgruppe, denen man etwas verkaufen kann.

Vom Rotlichtbereich abgesehen, lässt sich das auf unendlich viele andere Bereiche übertragen. Wer heute als Musiker außergewöhnliche Musik macht, der hatte es vor zehn Jahren noch viel schwerer. Kein großes Musiklabel wäre jemals bereit gewesen, solche Produkte auf den Massenmarkt zu bringen. Die großen CD-Geschäfte haben sowieso nur CDs verkauft, die vom Mainstream angenommen wurden. Die Künstler-Plattform »CD-Baby« von Derek Sivers – ein Onlineshop für CDs, die von den großen Geschäften nicht in die Regale gestellt wurden – war die erste, auf der Nischenkünstler nennenswerte Verkäufe ihrer CDs erzielen konnten.

Heute sind selbst Plattformen wie CD-Baby nur noch bedingt erforderlich, um sich als Nischenkünstler zu positionieren. Eine Künstlerin, die eine Menge richtig gemacht hat, möchte ich dir ebenfalls nicht vorenthalten. Es handelt sich dabei um die Sängerin Zoe Leela (die übrigens ganz fantastische Musik macht). Sie hat Ihr erstes Album auf ihrer Webseite kostenlos zum Download angeboten und in den richtigen Netzwerken ein wenig die Werbetrommel gerührt. Dank ihrer guten Musik ist sie somit in ihrer Nische schnell sehr bekannt geworden. Denn ein kostenloses Album lädt man sich gerne mal herunter, wenn man noch nicht sicher ist, ob es dem eigenen Musikgeschmack entspricht.

Klar, ein kostenloses Album bringt kein Geld. Zoe hat aber langfristig gedacht und ein Marketing-Gesetz des Internets beachtet: Erst geben, dann nehmen. Begonnen, damit Geld zu verdienen, hat sie dann schließlich durch den Lizenzverkauf für kommerzielle Abnehmer (wie z.B. Modenschauen, auf denen ihre Musik gespielt wurde.) Ihr zweites Album stand ebenfalls auf ihrer Website zum Download bereit und kostete 5,49 Euro. Ein äußerst fairer Preis. (Ich meine sogar, dass er zu günstig ist.) Diese 5,49 Euro fließen nicht irgendwelchen unbekannten Firmen in die Tasche, die damit Vertrieb und Produktion bezahlen müssen, sondern gehen direkt an die Künstlerin und ihr Umfeld. Ähnlich dem Prinzip des Self Publishing steht niemand dazwischen, der mitverdienen möchte. Alte Sichtweisen müssen über Bord geworfen werden. Ein Umdenken ist nötig, um in die heutige vernetzte Welt zu passen, in der auch die Nische ein großes Potenzial hat. Auch Künstler können sich direkt an ihre Nutzer und Fans wenden.

Gerne ist in diesem Zusammenhang auch die Rede von der »Theorie der 1000 echten Fans«. Diese besagt, dass man als Künstler im heutigen Internet-Zeitalter bereits von 1.000 besonders treuen Fans leben kann. Wenn du es zum Beispiel schaffst, dir online eine Hörerschaft von 10.000 Menschen aufzubauen (was gar nicht so schwer zu erreichen ist) und diese pro Jahr ein Album im Wert von 10 Euro von dir kaufen, dann wird von diesen 10.000 Menschen vielleicht jeder Zehnte in einen echten Fan zu verwandeln sein. Wenn also von diesen 1.000 echten Fans wiederum jeder zusätzlich 100 Euro im Jahr ausgibt, um ein Konzert von dir zu besuchen, ein Plakat zu kaufen oder eine Sonderedition deiner CD zu bestellen, dann sind dies 200.000 Euro im Jahr. Das ist eine ganze Menge Geld, aber natürlich hast du auch Ausgaben. Trotzdem: Das klingt plötzlich gar nicht mehr so unerreichbar, oder? Der Weg dahin wird dich im Zweifel ein paar Jahre kosten, in denen du nicht aufgeben darfst und trotz einer langen Trockenphase weitermachen musst. Aber wer am Ball bleibt, wird dort ankommen. Die Nischenkraft des Internets wächst stündlich. Welche Nische besetzt du?

SEINE LEIDENSCHAFT FINDEN. WIRKLICH?

Finde deine Leidenschaft, um ein glücklicheres Leben zu führen. Finde deine Leidenschaft, um darum ein Business aufzubauen, das dich zufrieden macht. Wenn du deine Leidenschaft gefunden hast, dann wird alles gut. Deine Leidenschaft ist der Honigtopf am Ende des Regenbogens.

Ernsthaft?

Für mich ist Leidenschaft nichts, das man finden muss. Man hat sie oder man hat sie nicht. Wenn einen etwas so sehr begeistert, dass es das Wort Leidenschaft verdient, dann muss die Begeisterung bereits so groß sein, dass man nicht auf die Suche danach gehen muss.

Wer für nichts Begeisterung aufbringen kann, der probiert entweder generell zu wenig in seinem Leben aus oder leidet vermutlich an depressiven Verstimmungen. In den meisten Fällen wird jedoch Ersteres das Problem sein. Schließlich kommt man ja nicht mit Hobbys auf die Welt. Man probiert verschiedene Dinge im Lauf seines Lebens aus und bleibt hier und dort hängen, weil man eben jene Begeisterung verspürt.

Wenn man nun den Schritt in die Selbstständigkeit mit dem Finden einer vermeintlichen Leidenschaft verknüpft, so wird es gefährlich. Das resultiert nämlich nicht nur darin, das jeder am Ende des Tages das Gleiche macht (ja, unsere Leidenschaften sind sich alle erschreckend ähnlich), sondern auch darin, dass man versucht, die Leidenschaft dem Geschäftsmodell überzustülpen. Begeisterung kann man aber auch für Prozesse innerhalb eines Geschäftsmodells entwickeln. Oder im Outcome, dem

Mehrwert, z.B. der Tatsache, andere Menschen damit zu inspirieren. Leidenschaft kann man auch einfach für »entrepreneurial thinking« haben.

Wer leidenschaftlich gern Fahrrad fährt, muss keinen Fahrradblog starten, sondern kann auch Kaffeemaschinen verkaufen und diese – als kleines ökologisches Verkaufsargument – mit dem Fahrrad ausliefern. Oder Radtour-Reisen anbieten, auf denen man von Insel zu Insel fährt (auch hierfür wird es später noch ein Beispiel geben). Oder einfach nur mit dem Fahrrad zur Arbeit fahren. Auch das ist nicht selbstverständlich.

WAS HEISST LEIDENSCHAFT EIGENTLICH?

Die stoische Philosophielehre der Griechen sah in der Affektkontrolle, also in der Beherrschung der Leidenschaften, ein zentrales Lebensziel. Mäßigung ist eine der vier Kardinaltugenden Platons. Er bezog dies vor allem auf die Lust.

Leidenschaft ist laut Definition eine das Gemüt völlig ergreifende Emotion. Wer in allen Aspekten seines Lebens immer nach Leidenschaft sucht, der liegt damit perfekt im Trend der Zeit: Höher, schneller weiter. Immer auf dem Peak!

Der Schlüssel zu mehr Zufriedenheit und Glück liegt jedoch in innerer Ausgeglichenheit und schönen, erfüllenden Momenten. Begeisterung und Leidenschaften sind wichtig, sollten aber nicht als der ultimative Weg zum Glück verstanden werden. All jene, die völlig ihrer Leidenschaft folgen, haben zuvor meist ihre Geldsorgen abgeschüttelt, irgendeine andere Quelle angezapft oder sind schlichtweg vom Typ »Bergsteiger ohne Sicherungsseil«. Höre also nicht auf die Leidenschaftsgesänge, solange du finanziell nicht auf sicherem Boden stehst.

Versteh mich nicht falsch. Man kann mit Dingen, die einen sehr begeistern, sein Geld verdienen. Aber ich denke, bei vielen Menschen sollte das Geld verdienen erst einmal die oberste Priorität sein. Erst den Weg des geringeren Widerstandes zu gehen, erst ein gewisses Einkommen zu sichern, begünstigt auch innere Ausgeglichenheit und ist somit fast wichtiger für ein zufriedenes Leben, als gleich zu Anfang dem Leidenschafts-Gespenst hinterher zu jagen.

Ich bin mit dieser Strategie bestens gefahren und kann sie dir daher getrost empfehlen. Ich betreibe ein kleines, langsam wachsendes Dienstleistungsunternehmen. Es hat einige Jahre gedauert, dieses zum Laufen zu bringen. Die Arbeit darin und daran macht mir Spaß. Als Leidenschaft würde ich es trotzdem nicht bezeichnen. Begeisterung hingegen finde ich in den mit den Dienstleistungen verbundenen Prozessen und den Kontakten zu Kunden.

Bei Leidenschaften hingegen sollte das Geld nie allein im Vordergrund stehen. Meine größeren Leidenschaften lebe ich nun mit neuen Projekten aus, die ich beruhigt angehen kann, denn für meine Miete kommt etwas an anderer Stelle hinein. Auch neue Projekte sollen natürlich langfristig Geld einbringen und teilweise tun sie dies schon. Aber ich kann sie anders angehen. Ich kann sie angehen, wie man Leidenschaftsprojekte angehen sollte: **Mit Leidenschaft – und nicht mit Geldsorgen.**

Auch kann die Suche nach der Leidenschaft eine Ausrede dafür sein, um die für den Erfolg nötige Arbeit nicht zu tun. Das sollte aber niemals ein Grund sein, der dich davon abhält, in den Tun-Modus zu gehen. Es gibt noch ein paar prominentere Ausreden, die Möchtergern-Selbstständige ausbremsen. Auch sehr beliebt ist die »perfekte Idee«. Ich spreche hier aus Erfahrung, denn ich bin auch jahrelang der perfekten Idee hinterher gejagt und tue es manchmal immer noch. Aber mehr dazu im übernächsten Abschnitt.

FEHLER MUSS MAN SELBST MACHEN

Fehler will man nicht machen. Fehler sind ein Zeichen von Schwäche. Falsch ist das Gegenteil von richtig und »Fehler« sind falsch. Ein Fehler ist etwas, für das man früher bestraft wurde. Fehler sind böse.

So weit so gut. Wir haben also gelernt, Fehlern möglichst aus dem Weg zu gehen. Wir treffen Entscheidungen mit dem Hintergedanken, dass ein Fehler dahinter lauern könnte. Also entscheiden wir lieber nichts.

Das Problem bei der Sache: Es gibt nichts, aus dem wir besser lernen können als aus Fehlern. Einfach nichts. Fehler sind die beste Schule in absolut allem. Scheitern ist der Turbo-Boost für jeden Lernprozess. Aber wir sehen ihn nicht als solchen, sondern wir fürchten, nein, wir ekeln uns vor Fehlern wie vor einer dicken fetten Kakerlake in unserem Bett.

Diese Panik vorm Fehlermachen bremst uns ständig aus. Denn Weiterentwicklung und Fortschritt gibt es nur, wenn man den Mut zu Entscheidungen aufbringt, Dinge wagt und neue Wege geht. Ich kenne das allzu gut. Man hat eine tolle Idee, treibt diese voran, aber verliert über den Prozess hinweg den Mut. Angst vorm Scheitern kommt auf. Man will keinen Fehler machen. Also macht man lieber einfach gar nichts. Dabei wäre der Fehler vielleicht gar nicht so schlimm gewesen. Vielleicht hätte er kaum negative Auswirkungen gehabt, sondern einen riesigen Lerneffekt.

Genau deshalb sind Fehler so relativ. Wir bedenken zu selten ihren Lerneffekt. Wir schauen nur auf das Negative und sehen den Fehler nicht als die Bezahlung für das gewonnene Wissen. Aus jedem Fehler lernt man etwas. Immer.

Man kann auch aus den Fehlern anderer lernen und unter Umständen gewisse Fehler vermeiden. Aber das funktioniert nicht ausschließlich so. Wer nur andere die Fehler begehen lässt, hat diese nicht am eigenen Leib erfahren und wird das neu gewonnene Wissen längst nicht so stark verinnerlichen. Du kannst kleinen Kindern 20 Mal sagen, dass die Herdplatte heiß ist. Aber sie werden erst die Finger davon lassen, wenn sie ihre Hand darauf verbrannt haben. Man muss es selbst tun, mit den möglichen Fehlern leben und von ihnen lernen. Trau dich und lass dich nicht von der Angst vor Fehlern bremsen.

DIE GEILSTE IDEE BRAUCHT KEINER

Ich dachte häufig, man müsse eine völlig neuartige und einzigartige Idee haben, um erfolgreich zu sein. Ich habe Ideen gesammelt, darüber nachgedacht, sie verworfen. Immer auf die perfekte Idee gewartet, um diese dann in die Tat umzusetzen. Am besten auch noch eine Idee, die es in dieser Form noch nie gegeben hat.

Erst nachdem ich begonnen hatte, mir die Erfolgsmodelle anderer Menschen anzusehen, ging mir ein Licht auf, dass diese Denkweise der völlig falsche Ansatz ist. Denn wenn eine Idee bereits umgesetzt wurde und damit Geld verdient wird, ist offensichtlich ein Markt vorhanden. Es gibt Menschen, die diese Idee annehmen. Auch vorhandene Geschäftsideen lassen sich immer verbessern, ausbauen, erweitern oder mit anderen Ansätzen kombinieren.

Es macht also durchaus Sinn, sich vorhandene Geschäftsmodelle anzusehen, die bereits erfolgreich sind und sich aus dem Pool von vorhandenen Ideen sein eigenes Modell zusammenzubasteln. Dies bedeutet nicht, dass du immer ein Alleinstellungsmerkmal gegenüber der Konkurrenz benötigst. Es ist wichtig, sich abzugrenzen und dem Kunden zu erläutern, warum er bei dir besser aufgehoben ist als bei den Mitbewerbern. Ein Alleinstellungsmerkmal bedeutet jedoch nicht, das Rad neu erfinden zu müssen.

Mit meinen Zeichendienstleistungen für Architekten offeriere ich etwas, das viele kleine CAD-Zeichenbüros ebenfalls seit Jahrzehnten auf dem deutschen Markt anbieten. Das Konzept ist im Grundgerüst erst einmal nicht innovativ. Verknüpft habe ich das Ganze jedoch mit meinen Kenntnissen im Outsourcing und meinen internationalen Kontakten und kann meine Dienstleistungen so deutlich preiswerter anbieten als die Konkurrenz. Das Alleinstellungsmerkmal »Günstigster Anbieter« ist sicher nicht der innovativste USP, den die Welt je gesehen hat. Vermutlich ist es sogar das am weitesten angewendete Alleinstellungsmerkmal. Aber es funktioniert.

Christian Häfner von Fastbill war nicht der Erste, der eine Software zur Rechnungsverwaltung entwickelt hat. Aber er wusste bereits vor dem Start, dass hierfür ein Markt vorhanden ist und hat eine Cloud-Software geschaffen, die sich an die Bedürfnisse Selbstständiger im Jahr 2015 anpasst. Auch hier ist es die Kombination eines etablierten Konzepts mit innovativen Ansätzen.

Patrick Baumann, der Gründer der Billardhalle Bata in Berlin, war nicht der Erste, der online Billard-Queues verkauft hat. Er war auch nicht der Erste, der in Berlin eine Billardhalle eröffnet hat. Davon gab es schon einige. Er war aber der Erste, der gezielt Menschen angesprochen hat, die vom Billardspielen keine Ahnung haben. Sein Ziel war es, eine Atmosphäre zu schaffen, in der sich auch Anfänger wohl fühlen. Dass ihm das gelungen ist, zeigt sein Erfolg. Zudem hat er es geschafft, mit einem Ladengeschäft seine Ortsunabhängigkeit nicht aufgeben zu müssen. Er managed das Bata gemeinsam mit zwei Partnern und hat all die Aufgaben übernommen, die sich auch ortsungebunden erledigen lassen. Wann immer er in Berlin ist, arbeitet er viel vor Ort. Ortsunabhängigkeit muss man nicht immer so eng sehen, Mischmodelle sind machbar. Auch zu diesem Beispiel später mehr.

Ganz wichtig ist: Die Umsetzung einer Idee ist der eigentliche Erfolgsfaktor. Ideen sind nichts wert, solange man nicht mit Vollgas an deren Umsetzung arbeitet. Ein Grund, warum Angst vor Ideenklau nur bedingt nachvollziehbar ist, denn in den seltensten Fällen klaut jemand eine Idee und setzt sie schneller und zudem besser um als du selbst.

Bei der Umsetzung zählen entweder schon vorhandenes Wissen und Erfahrung, um eine Idee zum Erfolg zu führen, oder aber die Hartnäckigkeit des Ausführenden. Wenn Wissen und Erfahrung noch nicht in ausreichendem Maße vorhanden sind, muss man akzeptieren, hin und wieder auf die Nase zu fallen. Durch das Ausprobieren erzeugt man eine sehr starke Lernkurve. Wenn etwas nicht funktioniert, nimmt man daraus immer neues Wissen mit. Jedoch darf man sich von der vermeintlichen Niederlage nicht allzu sehr verunsichern lassen und muss in der Lage sein weiterzumachen. Wissen und Erfahrung wachsen parallel mit.

Ich bin mit meinen Geschäftsideen mittlerweile völlig transparent und halte sie höchstens aus taktischen Gründen, zum Beispiel um Neugier zu erzeugen, zurück. Mir kommen zudem täglich sehr viele neue Ideen. Die Kapazitäten, diese alle umzusetzen, sind sowieso nicht gegeben. Daher schreibe ich sie auf, um sie eventuell in der Zukunft einmal zu nutzen – wohl wissend, dass 50 Prozent dieser Ideen erfolgreich sein können, wenn man sie von vorne bis hinten durchzieht. Aber genau daran scheitern die meisten Ideen.

Ich habe selbst erlebt, was passiert, wenn man nicht an das eigene Projekt glaubt. Zu Beginn des Jahres 2012 ernährte ich mich eine Weile nach den Regeln der Paleo-Diät und verzichtete vollkommen auf Anbauprodukte (Weizen, etc.). Dabei stach mir eine amerikanische Seite ins Auge, auf der wöchentliche Ernährungspläne für eben jene Diät verkauft wurden. Begeistert von dem Konzept, entwickelte ich eine ähnliche Seite. Erste Verkäufe kamen schnell herein. Über zwei Jahre habe ich mit diesem Projekt rund 10.000 Euro verdient. Jedoch habe ich dem Projekt nie meine volle Aufmerksamkeit geschenkt, sondern es nur nebenbei betrieben. Grund hierfür waren rückblickend meine Zweifel, daraus etwas Großes machen zu können. Ich hatte Verkäufe, es kam Geld herein, aber ich glaubte nicht an die große Perspektive. Stattdessen widmete ich mich parallel Dingen, denen ich größere Chancen einräumte.

Etwa ein Jahr später startete eine weitere kommerzielle, deutschsprachige Paleo-Seite, deren Angebot ganz ähnlich war. Der Unterschied war jedoch, dass diese Seite mit viel mehr Energie vorangetrieben wurde. So dauerte es nur sehr kurze Zeit, bis diese Seite die wichtigste Ressource für die Paleo-Diät wurde. Heute können die Gründer gut von ihrer Paleo-Seite leben. Meine eigene Seite hingegen dümpelte vor sich hin, warf Mitte 2014 nur noch ein paar hundert Euro ab. Ich entschied mich dafür, diese abzugeben und für einen kleinen, fairen Preis zu verkaufen. Während der Gründung der Seite Anfang 2012 schlug mir für die Kommerzialisierung der Paleo-Ernährung viel Hass und Missgunst seitens der non-kommerziellen Paleo-Blogger entgegen. Mittlerweile scheinen sich die Wogen aber geglättet zu haben.

Gelernt habe ich aus dieser Erfahrung ohne jeden Zweifel eine Menge. Ich bereue heute nicht, dieses Projekt nicht mit voller Kraft vorangetrieben zu haben. Denn die Dinge, mit denen ich heute meinen Lebensunterhalt bestreite, liegen mir sicher besser. Auch ernähre ich mich schon seit über einem Jahr selbst nicht mehr nach den Paleo-Regeln, sondern reduziere vielmehr meinen Fleischkonsum. Es ist also alles so gekommen, wie es sein sollte. (Wenn ich noch einmal ein ähnliches Produkt anbieten würde, so wäre dies viel eher im Bereich vegetarischer Ernährung.) Trotzdem zeigt dieses Beispiel hervorragend, wie wichtig es ist, an sein Projekt zu glauben und entsprechend mit voller Energie hineinzugehen. Sicher hätte auch aus meinem ersten Online-Projekt damals eine Seite werden können, von der ich komplett leben kann.

Die heute sehr erfolgreiche Paleo-Seite, die damals schnurstracks an mir vorbeigezischt ist, heißt übrigens Paleo360.de und wird von Michaela und Nico betrieben, von denen wir später noch ausgiebig hören werden.

Was glaubst du: Gibt es mehr Menschen, die bereuen, eine Geschäftsidee nicht umgesetzt zu haben? Oder mehr Menschen, die mehrere Jahre an etwas arbeiten und dann sagen: »Hätte ich diese Idee bloß niemals verfolgt.«? Wer seine gesamte Energie in eine Idee investiert, der wird daraus auch etwas mitnehmen. Im Prozess Dinge zu modifizieren und zu verbessern, ist ein übliches Verfahren. Eine Idee muss also gar nicht perfekt sein. Mein Lieblingszitat zu Geschäftsideen stammt von Richard Branson, der einmal sagte: »*Business-Ideen sind wie Busse, der nächste kommt bestimmt!*« Aber irgendwann muss man auch einsteigen und den gesamten Weg bis zur Endhaltestelle mitfahren.

IDEEN JENSEITS VON ONLINE-BUSINESS, INFOPRODUKTEN & CO

Es ist naheliegend: Wer sich mit der Absicht selbstständig machen möchte, um mehr örtliche und zeitliche Freiheit zu genießen, der ist in vielen Fällen gut beraten, sich ein Business im Netz aufzubauen. Nur hier gibt es die einzigartige Möglichkeit, für jede Nische ein Publikum zu finden. Nur hier kann man Verkäufe für ein Produkt generieren, während man gerade im Bett liegt, in der Nase bohrt oder von anderen Dingen träumt. Nur im Netz kann man so vieles ausprobieren, ohne vorher eine größere Summe investieren zu müssen. Im Netz gibt es so viele Möglichkeiten. E-Commerce, Dienstleistungen, Premium Content (z.B. in Form eines Blogs). Es klingt unglaublich fantastisch, aber es ist nunmal so: All diese Dinge können einen ernähren, wenn man es richtig angeht.

Ja, wäre das Netz ein Mensch, ich würde ihn fragen, ob er mich heiratet. Ich bin so unendlich dankbar, in den 1980ern geboren zu sein. Nur zehn Jahre früher und alles wäre völlig anders gekommen.

Trotz all der unglaublich tollen Möglichkeiten: Das Netz ist kein Muss, um sich selbstständig zu machen. Auch andere Wege können einem eine Menge Freiheit schenken, wenn man es richtig angeht. Sich im Denken allzu sehr zu begrenzen und nur auf ein Online-Business zu fokussieren wäre schade. In den später noch kommenden Beispielen zeige ich daher bewusst ein paar Geschichten von Menschen, die mit ihrem Business – weitestgehend offline – ihre zeitliche und örtliche Freiheit erweitern konnten. Oder immer noch darum kämpfen, dies in der Zukunft zu können. Auch offline gibt es viele Chancen, wenn man sich gewisse (Marketing-)Aspekte der Online-Welt zunutze macht. Geschicktes Kombinieren heißt die Devise.

Komplett offline, ohne den Einsatz von Online-Komponenten, wird die örtliche Freiheit schwer. Zumindest Teile müssen online ablaufen, um maximale Freiheit zu erhalten – und wenn es nur die E-Mails sind, um die Kommunikation überall zu ermöglichen. So kann man als Besitzer eines Billardsalons wunderbar neue Gäste über Facebook generieren. Auch als Fahrradkurier kann man sich eine E-Mail-Liste potentieller Kunden aufbauen, in dem man ihnen einen Mehrwert bietet. Oder als Buchautor kann man Bücher verkaufen, ohne jemals einen Verlag kontaktiert zu haben.

Man ist schnell gefangen in seinem Denken in der Online-Marketing-Welt, beeinflusst von all den Blogs und Online-Kursen, die einem von E-Books,

Videokursen und Affiliate-Links berichten. Aber es gibt noch viele weitere Möglichkeiten. Halte daher die Augen in alle Richtungen offen und entscheide an Hand von zwei Faktoren:

·   Wo soll es hingehen? Wie soll mein Leben aussehen?
·   Welche Prozesse machen mir Spaß?

Wer sich gern mit Menschen umgibt und nicht die Absicht hat, ortsunabhängig zu arbeiten, der kann durchaus auch mit einem Kiosk, einem Café oder einer Würstchenbude seine Freiheit zurückerobern. Es kommt dabei immer auf die persönliche Definition von Freiheit an. Freiheit kann auch bedeuten, zwar örtlich wegen eines Ladenlokals wenig Spielraum zu haben, aber sich dabei anders auszuleben und Spaß an der Arbeit zu finden. Keine Krawatte tragen zu müssen und stundenlang mit Kunden herumzuklönen. (Ja, »klönen« steht im Duden. Wer es nicht kennt: Bitte dort nachlesen!)

Genau darum ist es so entscheidend, vorab zu überlegen, welches ideale Leben du durch deine Unternehmung überhaupt erreichen möchtest. Gewisse Ziele mögen deine Möglichkeiten in bestimmte Richtungen begrenzen. Aber sie können eben auch dazu führen, dass Dinge für dich in Betracht kommen, die jenseits der normalerweise propagierten Möglichkeiten liegen. Bleibe im Denken offen in alle Richtungen. Beschränke dich höchstens, wenn gewisse Richtungen dir nicht das Leben ermöglichen, das du anstrebst.

DER EHRBARE KAUFMANN IM INTERNET?

»Du willst 20 Kilo in drei Tagen abnehmen? Dann kauf jetzt meinen Onlinekurs »Super-Fettverbrenner« und nimm ab, indem du diese fünf Früchte niemals isst!« Wer kennt sie nicht, diese oft etwas merkwürdigen Onlinemarketing-Verkaufsvideos, meistens begleitet von einer Website ohne viele Ablenkungen, einem Verkaufsvideo, das man nicht anhalten kann und einem überdimensionalen Warenkorb-Button. Ich frage mich stets, ob es immer noch Menschen gibt, die diese Produkte kaufen. Aber es gibt sie offensichtlich – zumindest wenn man den Einnahmen einiger sogenannter Online-Marketer glaubt.

Diesen merkwürdigen Verkaufstaktiken steht der uralte Begriff des »ehrbaren Kaufmanns« gegenüber. Er ist schon viele hundert Jahre alt und beschreibt ein in Europa entstandenes Leitbild für eine verantwortungsvolle Teilnahme am Wirtschaftsleben. Es ist geprägt vom Verantwortungsbewusstsein für das eigene Unternehmen, aber auch für die Kunden und die gesamte Gesellschaft. Langfristiger wirtschaftlicher Erfolg steht im Mittelpunkt und soll der gesamten Gesellschaft nützen. Produkte werden nur verkauft, wenn man auch dahinter stehen kann. Über viele Jahre schien es so, dass es im Internet keinen Platz für den ehrbaren Kaufmann gibt. Wer hier Geld machen wollte, wendete eher die Taktiken der Großbanken an: Gewinne hoch, koste es, was es wolle. Besucher und Kunden? Nur statistische Zahlen.

Die Zeiten haben sich aber geändert. Geradliniges, ehrliches Verkaufen funktioniert mittlerweile auch im Internet. Oder vielleicht hat es das immer schon, aber es hat vorher nur noch keiner probiert?

Früher gab es meist nur diese schnell aufgesetzten Websites, die nicht für Menschen, sondern für Verkäufe optimiert wurden, um (lieblos gemachte) Onlineprodukte zu verkaufen. Heute finden sich immer mehr Unternehmer, die gute Produkte herstellen und diese auf mit Liebe zum Detail und vielen kostenlosen Infos bespickten Blogs verkaufen. Das Ding ist: Wenn du etwas wirklich Gutes anbietest, musst du keine Psycho-Techniken anwenden, damit die Menschen dein Produkt kaufen. Du benötigst kein Video ohne Pausenkopf und dein Verkaufsbutton kann auf eine normale Größe schrumpfen.

Nachhaltiger ist es allemal, wenn man als Person voll hinter dem Produkt stehen kann, das man verkauft. Schließlich gibt es nichts Besseres, um die eigene Person zu vermarkten, als ein gutes Produkt, auf dem der eigene Name steht. Kein Wunder also, dass die Menschen hinter Superfettverbrenner & Co selten ihr Gesicht zeigen. Wer will damit schon in Verbindung gebracht werden? Ein gutes, ehrliches Produkt verkauft sich nicht nur wesentlich leichter, sondern hat noch einen weiteren Vorteil: Es ist nachhaltig. Der Käufer wird vielleicht zum Stammkunden und kauft auch das nächste Produkt. Wer schnell etwas Halbgares zusammenschustert, der verprellt die Kunden und muss sich immer wieder neue suchen.

Ich habe auf diesem Gebiet meine ganz eigenen Erfahrungen gemacht. Sowohl als Käufer als auch als Verkäufer. Vor einigen Jahren bot ich für kurze Zeit ein Produkt an, hinter dem ich nicht stand. Es waren meine ersten Versuche, online ein wenig Geld zu verdienen. Ich wollte mein Gesicht nicht zeigen und verkaufte ein wirklich unausgereiftes Produkt mit einer gefälschten Identität. Geld kam herein, aber die Beschwerdezahlen explodierten mit der Zeit. Es machte keinen Spaß und mein Gefühl dabei wurde zunehmend schlechter. Ich wollte ein nachhaltiges Geschäft aufziehen, aber das hier ging eher in die Richtung »Trickbetrüger«. Sicherlich wäre dort noch einiges Geld zu holen gewesen. Aber mir war es wichtiger, mich selbst noch im Spiegel ansehen zu können. Das kann man mit Geld nicht aufwiegen.

Bevor du also loslegst und dir etwas aufbaust, überlege dir:

· Kann ich anderen stolz von meinem Business erzählen?
· Schaffe ich einen Mehrwert für mich UND für andere?
· Ist das, was ich tue, nachhaltig und wird mich in zehn Jahren noch unterstützen?

KAPITEL 3

ALLER ANFANG IST SCHWER

PLÄNE SIND SCHÖN, TUN IST BESSER

Warum melden sich so viele Menschen im Fitnessstudio an und gehen nach einem Monat nicht mehr hin, bezahlen aber trotzdem weiter? Ganz einfach: Weil sie sich dann eingestehen müssten, gescheitert zu sein. Die Anmeldung fühlte sich bereits so an, als seien sie ihrem Ziel einen großen Schritt näher gekommen, ohne auch nur eine einzige Hantel in der Hand gehabt zu haben.

Ähnlich funktionieren To-do-Listen: Wir schreiben uns dort etwas auf. Und es fühlt sich so an, als sei allein durch das Aufschreiben bereits ein großer Schritt in Richtung Erledigung des To-dos gegangen worden. Nur deshalb, weil es auf einem Blatt Papier steht. In vielen Fällen passiert danach weiter nichts.

Genauso wie mit dem Fitnessvertrag oder den To-do-Listen verhält es sich auch mit der Planung von Geschäftsvorhaben. Planen kann man in alle Ewigkeit, passieren tut deswegen aber noch lange nichts. Im Boxkampf zwischen Planen und Tun verliert Planen jedes Mal aufs Neue ein paar Zähne. Eine gewisse Planung macht Sinn, aber im Tun liegt der Schlüssel zum Erfolg.

So weit, so gut, klingt alles so schön bunt und kuschelig. Aber wie kann ich mich selbst überlisten, ins Tun zu kommen und nicht im Planen gefangen zu sein? Gar nicht so schwer. So funktioniert es:

PERFEKTIONISMUS ZÜGELN

Perfektionismus ist eine Krankheit, die vor allem unter kreativen Menschen weit verbreitet ist. Als Perfektionist ist man nie so richtig fertig mit etwas, denn Verbesserungspotenzial findet man schließlich immer irgendwo. Ein Perfektionist will sein Produkt erst dann in die Freiheit entlassen, wenn es, wie der Name schon sagt, perfekt ist – und was ist schon perfekt? Er jagt also einem Phantom hinterher, obwohl das Produkt vielleicht längst schon bereit wäre, veröffentlicht zu werden. Ganz schlimme Perfektionisten fangen gar nicht erst an, ein Produkt zu entwickeln, weil sie sich bereits in der Planung selbst ein Bein stellen und diese bereits durchperfektionieren wollen, bevor es überhaupt richtig losgeht. Fühlst du dich ertappt? Dann ist es höchste Eisenbahn, etwas lockerer zu werden.

PRIORITÄTEN SETZEN

Ein ganz zentrales Ding. Du musst deine Prioritäten festlegen und dich dann auch daran halten. Ein perfektes Beispiel hältst du in den Händen: Dieses Buch hier habe ich über ein halbes Jahr lang geschrieben, immer wieder ein bisschen. Hier mal ergänzt und da mal ergänzt. Nach sechs Monaten war nicht einmal die Hälfte fertig. Erst, als ich seine Fertigstellung zu meiner höchsten Priorität erklärt habe, war langsam Land in Sicht. Einen Monat lang habe ich fast nichts anderes gemacht, habe Einladungen abgelehnt und versucht, möglichst viel Zeit für das Buch freizuschaufeln. Und plötzlich ging alles ganz schnell.

FOKUSSIEREN (DA IST ES WIEDER)

Die Grundaussage ist ähnlich wie im Abschnitt zuvor. Prioritäten haben auch viel mit Fokus zu tun. Jeder von uns hat so viel Zeit zur Verfügung, wie er will. Wenn man diese Zeit auf viele unterschiedliche Dinge verteilt, dann ist es klar, dass nichts davon so richtig vorwärts geht. Wenn man aber seine gesamte Energie auf ein Ziel richtet, dann hat man plötzlich ungeahnte Laser-Power. Damit du vom Planen ins Tun kommst, hilft es ungemein, dich auf eine Sache voll zu fokussieren.

KURZ JUSTIEREN, WEITERMACHEN

Wenn man einmal einen Plan gemacht hat, dann muss man diesen einfach mal durchziehen. Man darf den eigenen Plan nicht immer wieder hinterfragen und anzweifeln und anpassen. Wenn ein Plan einmal steht, dann ziehe ihn durch und justiere die Richtung nur gelegentlich. Du bist in deinem Ein-Personen-Unternehmern nämlich das Management und der Fließbandarbeiter in ein und derselben Person. Dies bedeutet bildlich gesprochen: montags Chefetage und dienstags bis freitags ab in die Werkhalle und schuften.

DEN MARKT TESTEN

Nichts bringt die Lokomotive besser zum Laufen als Dampf. Du brauchst Erfolgserlebnisse. Teste also frühzeitig deinen Service oder dein Produkt und hol dir Feedback. So verbesserst du dich schnell. So verdienst du schneller (ja, das erste Geld motiviert am meisten). Und vor allem weißt du so am besten, was wirklich gebraucht wird.

TERMINE SETZEN UND ANKÜNDIGEN

Wer sich keinen Abgabetermin für ein Buch setzt, der wird wohl ewig schreiben. Wer dem Kunden keinen Liefertermin nennt, der wird unnötig lange brauchen. Termine setzen hilft ungemein. Diese Termine musst du nicht nur dir selbst still und heimlich setzen, sondern auch nach außen hin mitteilen (sonst kannst du dich ohne Probleme selbst überlisten).

AM ENDE GEHT ES UMS VERKAUFEN

In meinem letzten Job als Architekt war ich rund dreimal pro Woche für ein Architekturbüro als Freelancer tätig, musste meine Stunden jedoch im Büro absitzen und konnte nur in seltenen Ausnahmefällen von zu Hause aus arbeiten. Ich bekam einen Stundenlohn von 19 Euro, musste jedoch, wie das bei Freelancern nunmal so ist, alle Sozialleistungen selbst abführen. Knapp 300 Euro gingen monatlich für die Krankenkasse ab, hinzu kamen Kosten für die Rentenversicherung und sonstige Dinge, die in Festanstellungen immer der Arbeitgeber übernehmen muss. Mein Chef hingegen rechnete meine Leistung gegenüber Kunden mit einem Stundenlohn von 59 Euro ab. Für einen diplomierten Ingenieur mit vier Jahren Berufserfahrung durchaus ein vernünftiger Stundensatz. Nur kam davon recht wenig bei mir an.

Dieser Job liegt schon eine ganze Weile zurück. Jedoch weiß ich noch gut, wie es mich gefuchst hat, dass sich mein damaliger Chef nun 40 Euro selbst in die Tasche stecken konnte – aufgrund der Arbeit, die ja eigentlich ich gemacht habe. 19 Euro gingen an mich. Abzüglich aller Sozialabgaben blieben vielleicht etwa 14 Euro übrig. Ganz schön mager! Ich dachte: »Okay, er muss ja ein Büro unterhalten, die Computer bezahlen und so weiter.« Aber 40 Euro erschienen mir trotzdem zu viel für ihn und zu wenig für mich.

Ich habe erst begriffen, dass an diesem Deal überhaupt nichts unfair war, als ich auf eigenen Beinen stand und schon eine Weile selbstständig war. Bei den 40 Euro, die damals an meinen Chef gingen, ging es nämlich nicht in erster Linie um eine Büromiete oder die Rechner. Es ging darum, dass er derjenige war, der überhaupt dafür gesorgt hat, dass es Arbeit für mich gab. Er war derjenige, der die Arbeit herangeholt hat.

Irgendwann in dieser Zeit hat sich bei mir ein Schalter umgelegt. Ich habe begriffen, dass in absolut jedem Business der Großteil der Arbeit nicht in der eigentlichen Arbeit für den Kunden steckt, sondern vielmehr in der Akquise von Kunden und dem Heranholen von Aufträgen. Man kann den tollsten Service der Welt anbieten – wenn man ihn nicht verkaufen kann, dann wird man damit keinen Erfolg haben. Wenn also dein Chef diese Arbeit übernimmt, dann ist es absolut gerechtfertigt, dass er sich den größeren Teil des Kuchens einsteckt. Akquise ist harte Arbeit, die vor allem Erfahrung erfordert. Akquise ist ein Talent, das man sich erarbeiten kann. In den seltensten Fällen fliegt es einem zu. Ich bin heute noch schlecht darin. Aber wenn ich meine Fähigkeiten heute mit denen von vor vier Jahren vergleiche, dann gab es hier eine erhebliche Lernkurve.

Am Ende geht es in jedem Business ums Verkaufen. Und genau darauf sollte man sich von Anfang an konzentrieren. Nicht auf die tolle Website, die in der Sonne glitzert. Nicht auf die Businesskarten mit dem geilen Logo. Nicht auf den Werbefilm, indem ein Shetland-Pony deinen Firmennamen tanzt. Einzig und allein darauf, Kunden an Land zu ziehen. Klar, eine Website muss man heute haben. Auch ein professioneller Eindruck ist wichtig. Aber die Priorität liegt jederzeit auf der Akquise, vor allem, was dein Zeitmanagement angeht. An jedem neuen Tag gibt es unzählige Dinge, die du machen kannst, um den Tag zu füllen und am Ende das Gefühl zu haben, unheimlich beschäftigt gewesen zu sein. Das heißt aber nicht, dass diese Dinge damit zu tun hatten, Geld zu verdienen. Hör also auf, deine Website zu verschönern oder den Twitter-Account zu pflegen, und suche dir da draußen ein paar bezahlende Kunden. Der Rest kommt danach. Prioritäten sind alles!

Zusammengefasst: Verkaufen zu können ist DIE Schlüsselfähigkeit für jede Unternehmung.

DER ERSTE EURO UND DER SCHNELLSTE WEG ZU IHM

Ich hatte in der Vergangenheit bereits mehrere »erste Euro«. 2012 habe ich diverse Projekte gestartet und im selben Jahr mit allen gestarteten Projekten meinen ersten Euro eingefahren. Einige wenige Projekte sind von dort aus stark gewachsen, andere haben die 100-Euro-Grenze nicht geknackt. Insgesamt habe ich zu viele Dinge gleichzeitig vorangetrieben, aber auch eine Menge gelernt. Die Motivation ist nicht allein abhängig vom Umsatz, aber sie erhöht sich durch Geldeingänge schon gewaltig. Um also diesen Motivationsschub mitzunehmen, sollte man schnell Geldeingänge verbuchen und sich, zumindest anfänglich, auch darauf konzentrieren. Egal, ob man T-Shirts in einem Shop verkauft oder eine Beratungsdienstleistung anbietet: Das Angebot muss irgendwo online zu finden sein und dem Kunden muss die Möglichkeit zum Kauf oder zur Beauftragung gegeben werden, egal ob durch einen Kaufen-Button, eine Telefonnummer oder ein Anfrageformular – und zwar gleich zu Beginn.

Der symbolische »erste Euro« (es dürfen natürlich auch gleich zu Beginn 10 oder 100 Euro sein) hat nicht nur Motivationspower, sondern ist zugleich eine Marktvalidierung. Jemand bezahlt für dein Angebot! Wenn einer das tut, dann tun dies höchstwahrscheinlich auch andere. Deine Idee funktioniert.

Was tun, wenn es beim ersten Euro bleibt? Wenn man merkt, dass es trotz intensiver Mühe nicht weitergeht, dann muss man in manchen Situationen auch aussteigen können. Wenn sich eine Unternehmung nicht zu Geld machen lässt, dann sollte man die Kraft haben, sie fallen zu lassen, auch wenn man vorher viele Hoffnungen und viel Herzblut hineingesteckt hat. Vergessen darfst du schließlich eines nie: Du lernst aus solchen Erfahrungen unheimlich viel. Das kommt dir beim nächsten Versuch zugute. Es gibt kein gescheitertes Projekt, aus dem ich nicht wertvolles Wissen für mich mitgenommen habe. Bei dir wird es das auch nicht geben. Es gibt also im Umkehrschluss keine »vergebene Liebesmühe« – man zahlt eben ein gewisses Lehrgeld.

Wie kommst du also nun möglichst schnell an den ersten Euro? Ich gebe dir drei Grundregeln mit, die den Weg bis zum ersten Euro ein wenig verkürzen sollten:

DEN AUFWAND KLEIN HALTEN

Ein altes Problem, das ich allzu gut aus meinen Anfangstagen kenne und das ich immer wieder von Lesern und Workshop-Teilnehmern höre. Ich nenne es die »Akquise-Prokrastination«. Man verbringt Wochen damit, die Website perfekt zu machen, Visitenkarten zu besorgen oder im Netz zu recherchieren. Man feilt ewig an seinem Produkt. Aber man schafft es einfach nicht, sich zu überwinden, auf Kundensuche zu gehen. Den Hörer in die Hand nehmen, auf Xing aktiv werden, Menschen auf Events treffen, E-Mails schreiben, den Blog promoten, indem man Gastartikel auf anderen Blogs schreibt und sich ein Netzwerk aufbaut. Es gibt sehr viele Wege, wie man Akquise betreiben kann. Welcher davon der richtige ist, kommt allein auf die Art der Unternehmung an. Aber man muss von vornherein damit loslegen. Die Suche nach Kunden muss von der ersten Sekunde an auf der Prioritätenliste oben stehen. Das Feedback hilft einem dabei, besser zu werden. Vor allem aber merkt man schnell, ob es Bedarf für das eigene Angebot gibt. Wenn es Bedarf gibt, wird man schnell den ersten Kunden finden, auch ohne Visitenkarten zu haben.

NACH GELD FRAGEN

Dass Verkaufen eine Schlüsselfähigkeit ist, haben wir schon besprochen. Dazu gehört eben auch, nach Geld zu fragen. Klingt offensichtlich. Aber viele angehende Selbstständige haben ein Problem damit, für ihre Leistung ein angemessenes Geld einzufordern. Rechnungen zu stellen fällt vielen nicht leicht, einen Kauf-Button auf ihre Seite zu integrieren, kommt manch einem komisch vor. Aber es ist okay, denn du gibst etwas dafür. Klingt zu offensichtlich, um in einem Buch erwähnt zu werden? Im Unterbewusstsein haben hier viele Menschen Probleme. Viele erfolgreiche Unternehmer haben als Kinder bereits auf dem Flohmarkt verkauft oder andere kleine unternehmerische Experimente gewagt. Somit hatten sie zum Zeitpunkt, als sie sich in die Selbstständigkeit gewagt haben, keine Angst mehr davor, nach Geld zu fragen.

EIN KLARES ANGEBOT FORMULIEREN

Je klarer dein Angebot, desto wahrscheinlicher, dass jemand zuschnappt. Die Person muss sich angesprochen fühlen, genau dort, wo bei ihm oder ihr der Schuh drückt. Das klappt nur mit einem klar und möglichst kurz formulierten Angebot. Im nächsten Abschnitt gehen wir in die Tiefe und sprechen sogar über ein unwiderstehliches Angebot.

DA KANN MAN DOCH NICHT NEIN SAGEN

Nichts leichter als das: Wer etwas verkaufen will, sollte voll hinter seinem Produkt oder seiner Dienstleistung stehen können. Denn wenn du selbst von der Qualität überzeugt bist, kannst du auch ohne Probleme andere davon überzeugen, dass sich der Kauf für sie lohnt. Der erste Schritt ist also immer, ein so gutes Produkt zu schaffen, dass dich im Anschluss keine großen Zweifel an der Qualität plagen. Kleinere Zweifel können normal sein, sollten aber mittelfristig, spätestens nach den ersten Produkt-Überarbeitungen, auch verschwinden. Wenn nun diese erste Bedingung erfüllt ist, geht es darum, wie du dein Produkt oder deine Dienstleistung in ein unwiderstehliches Angebot für den Kunden verpackst, damit dieser sich sagt: »Da kann man doch nicht Nein sagen!« Hier sind ein paar Vorschläge:

ÄNGSTE NEHMEN

Nimm deinem potentiellen Kunden die Angst vor einem Fehlkauf, indem du ihm den Mehrwert deines Produktes ausführlich näher bringst. Zudem kannst du Dinge wie »Frequently asked questions« (FAQ) nutzen, um häufig gestellte Fragen zu beantworten.

KOMMUNIZIERE DEN MEHRWERT KLAR

Was ist der Mehrwert deines Produktes oder deiner Dienstleistung? Du selbst wirst es wissen. Aber kannst du es auch auf einen kurzen, knackigen Satz herunterbrechen? Wenn nicht, dann solltest du schleunigst mal darüber nachdenken, denn die Aufmerksamkeitsspanne deines Publikums ist vergleichbar mit dem Schwanz eines kupierten Hundes: beides viel zu kurz. Pack also deinen Mehrwert in einen knackigen Satz und hau ihn deinen Kunden um die Ohren, bis sie bluten. Oder etwas sanfter. Du verstehst mich schon.

HALTE DEIN VERSPRECHEN

Nichts geht mehr in die Hose, als wenn jemand Dinge ankündigt und sie nicht einhält. Kennst du doch sicher aus dem Freundes- oder Kollegenkreis. Irgendwer ist immer dabei, der einem das Blaue vom Himmel verspricht, aber irgendwie am Ende vergisst zu liefern. Das ist auch bei Dienstleistern oder Verkäufern von Onlineprodukten öfter zu beobachten. Wenn du etwas versprichst, dann nur, weil du auch liefern kannst.

BLEIB AUF DEM BODEN

Manch einer wirbt Kunden mit Sprüchen wie: »Willst du so ein geiles Leben haben wie ich?« Goldbekettete Online-Marketer, die vor ihrer Villa in Miami stehen und Sprüche klopfen, wie du in drei Tagen zum Millionär werden kannst. Blogger, die meinen, wegen fünfstelliger Besucherzahlen nur noch mit Strasssteinchen besticktes Klopapier benutzen zu dürfen. Achtung Falle! Bleib auf dem Boden. Deine Kunden wollen keine Geschäfte mit Menschen machen, die sich selbst in den Olymp heben. Das mag kurzfristig funktionieren, aber ist keine Langzeitstrategie.

ZEIG IMMER, DASS DU GREIFBAR BIST

Ein Kunde will dich kontaktieren können. Zumindest in der Theorie. Ob er es am Ende macht, ist eine ganz andere Geschichte. Aber die Möglichkeit muss bestehen, auch bei Online-Geschäften. Je nach Branche kommt es natürlich sehr darauf an, wie du das gestaltest. Ein Kontaktformular kann manchmal reichen, in anderen Fällen sollte es eine Telefonnummer sein. Ich biete zum Beispiel Dienstleistungen an. Die Kunden möchten zum Telefon greifen und mit echten Menschen sprechen können. In meinem Fall gehen die Anrufe an ein Sekretariat (ebuero.de) und werden dann an mich weitergeleitet, wenn ich erreichbar bin.

ERLÄUTERE DEM KUNDEN, WARUM JETZT DER RICHTIGE ZEITPUNKT IST

Was man heute kann besorgen, das verschieben die meisten gern auf morgen. Oder so ähnlich. Jedenfalls solltest du dem Kunden, um ihm ein unwiderstehliches Angebot zu machen, einen guten Grund geben, sofort zuzuschlagen. »Ach, sieht zwar ganz interessant für mich aus, aber ich überlege es mir lieber noch einmal.« Weg war er und wurde nie mehr gesehen. Hast du schon einmal ein Beratungsgespräch für eine Mitgliedschaft im Fitnessstudio gehabt? Bevor der Berater dich aus dem Studio gehen lässt, ohne von dir eine Vertragsunterschrift bekommen zu haben, geht er lieber noch einmal deutlich mit dem Preis herunter. Ist zumindest meistens so. Wenn ein potenzieller Kunde den Laden verlässt, ohne gekauft zu haben, ist die Chance, dass er noch einmal wiederkommt, zwar vorhanden, aber nicht all zu hoch. Ergo: Gib ihm einen Grund, bei deinem Angebot sofort zuzuschlagen.

LIEFERE MEHR, ALS DER KUNDE ERWARTET

So etwas erfreut den Kunden immer. Ich habe damit schon sehr gute Erfolge erzielt und Langzeitkunden gewinnen können. Wenn ich bei einem Kunden das Potenzial sehe, mit ihm in Zukunft häufiger Geschäfte machen zu können, dann liefere ich beim ersten Mal immer etwas mehr, als eigentlich vereinbart war. Wenn ein Kunde meines Tusche-Teams beispielsweise 2D-Entwurfszeichnungen eines Einfamilienhauses anfordert, dann bekommt er unter Umständen eine dreidimensionale Darstellung ohne Aufpreis hinzu. Der Kunde freut sich und ich schreibe den Mehraufwand als Akquiseleistung ab. Das kommt mich günstiger, als 200 Infobriefe mit der Post zu versenden und ist zugleich deutlich effektiver. Aus meiner persönlichen Erfahrung heraus sollte man immer mehr Arbeit dafür aufwenden, bestehende Kunden zu halten, als Neukunden zu gewinnen.

VON KNACKIGEN, EINZEILIGEN BUSINESS-PLÄNEN

Wenn du einen längeren Satz als diesen hier brauchst, um jemandem deine Unternehmung zu erklären, dann ist er eindeutig zu lang.

Ausgehend von diesem einen, klar formulierten, knackigen Satz macht es natürlich Sinn, seine Businesspläne noch etwas genauer aufs Papier zu bringen. Einfach, damit man immer mal wieder nachlesen kann, was der ursprüngliche Plan war und ob es Bedarf gibt nachzujustieren. Man kann sich nicht alles merken. Manche Dinge gehören auf Papier. Andere Dinge sind so unvorhersehbar, dass es vollkommene Zeitverschwendung ist, sich darüber allzu viele Gedanken zu machen. Businesspläne sind ein antiquiertes Konstrukt der Vergangenheit, das höchstens noch vom Arbeitsamt oder von Banken verlangt wird. Selbst potenzielle Geldgeber interessieren sich viel mehr für dich als Menschen.

Wenn du einen klaren Satz formuliert hast – deinen »Elevator Pitch« – kannst du daraus einen ausführlicheren Plan entwickeln. Wie du das machst, bleibt dir überlassen. In der Startup-Szene würde man sagen: ein Pitchdeck entwickeln. Als Pitchdeck bezeichnet man eine kurze, knackige Powerpoint-Präsentation. Einige Seiten eines Word-Dokumentes tun es aber auch. Hier ein Vorschlag, welche Informationen du festhalten solltest:

KURZBESCHREIBUNG

Ausgehend von deinem Satz kannst du hier ein bisschen ausführlicher werden. Fünf Sätze vielleicht? So viel wie nötig, aber trotzdem möglichst kurz und knackig. Als Gründer hast du keine Zeit für Schwafelei.

IDEALER KUNDE

Wer ist dein idealer Kunde? Überlege dir deine Kernzielgruppe, am besten an Hand einer konkreten fiktiven Figur. Eine Person, die das Idealbild deiner Zielgruppe darstellt. Gib ihr am besten einen Namen. Ach, übrigens: Im allerbesten Fall bist du das selbst. Wenn du selbst dein idealer Kunde bist, dann ist es sehr wahrscheinlich, dass du ziemlich erfolgreich sein wirst. Dann verstehst du deine Kunden ziemlich gut.

IDEALES DU

Dein ideales Du hat erst einmal nichts mit deinem idealen Kunden zu tun, selbst wenn du der ideale Kunde bist. Bei deinem idealen Du geht es darum, wie du eigentlich leben möchtest. Wie viel Arbeit willst du investieren? Was ist dein ideales Auskommen? Wie soll dein Leben aussehen? Wie willst du leben und arbeiten?

MARKTVALIDIERUNG

Ein wichtiger Punkt ist die Marktvalidierung. Du solltest selbst bei sehr einfachen Geschäftsideen prüfen, ob es jemanden gibt, der bereit ist, dafür

Geld auszugeben. Du kannst auch Statistiken nutzen, Umfragen starten und selbst kreative Maßnahmen ergreifen, um deine Unternehmung zu validieren.

AKQUISESTRATEGIE

Ohne Kunde kein Business – ganz einfach. Woher sollen sie kommen? Von allein wird niemand bei dir anklopfen, deine Website besuchen oder den Hörer in die Hand nehmen. Hier brauchst du eine ganz klare Strategie, sozusagen eine To-do-Liste für dich, um Aufmerksamkeit zu erzeugen. Diese Strategie solltest du dir auf den Unterarm tätowieren. Oder zumindest irgendwo sichtbar aufhängen.

WELCHES PROBLEM LÖST DU?

Dieser Punkt überschneidet sich ein wenig mit der Marktvalidierung, aber sollte noch einmal separat angegangen werden. Jede Unternehmung muss ein Problem lösen, um zu funktionieren. Welches Problem löst du? Wenn du selbst dein idealer Kunde bist, wirst du diese Antwort ohne Zögern beantworten können.

EINJAHRESZIEL

Ziele sind wichtig. Sehr wichtig. Wer kein Ziel hat, steuert ins Blaue. Wo soll dein Business in einem Jahr stehen? Was willst du bis dahin erreichen? Für mich ist das Festlegen von Jahreszielen so immens wichtig, dass ich dir meine eigene Vorlage zum Festlegen meiner Jahresziele nicht vorenthalten will. Du kannst sie dir hier herunterladen: www.earthcity.de/jahresziele

FÜNFJAHRESZIEL

Bei Fünfjahreszielen scheiden sich die Geister. Ich finde sie wichtig, aber sie sollten nur eine grobe Richtung vorgeben. Die Jahresplanung ist wichtiger. Manch einer hält eine Planung, die so weit nach vorne schaut, für Zeitverschwendung. Entscheide du selbst!

WAS QUALIFIZIERT DICH?

Sei ehrlich zu dir: Was qualifiziert dich, das zu tun, was du vorhast? Hast du in dem Bereich schon besonders viel Erfahrung gesammelt? Hast du sogar in deiner vorherigen Tätigkeit in dem Bereich gearbeitet? Es kann manchmal reichen, deinem idealen Kunden nur drei Schritte voraus zu sein, aber die sind notwendig. Du musst etwas von der Materie verstehen.

WICHTIGE TO-DOS

Mach einen Zeitplan und überlege, was du zuerst angehen musst und was die höchste Priorität hat. Eine Art langfristige To-do-Liste.

WIE DU ALS FREELANCER AN AUFTRÄGE KOMMST

Dieser Abschnitt richtet sich an dich, wenn du vorhast, als Freelancer durchzustarten (oder dies kürzlich getan hast) und noch damit kämpfst, Aufträge und Kunden an Land zu ziehen. Ich kenne deine Situation zu gut. Zwar kann ich es dir nicht abnehmen, selbst Dinge auszuprobieren, aber vielleicht den einen oder anderen Denkanstoß mitgeben. Überall liest man, dass Freelancing der beste Einstieg ins ortsunabhängige Arbeiten ist. Das ist er grundsätzlich auch. Es ist ohne Zweifel eine gute Möglichkeit, aber längst nicht so einfach, wie es sich hin und wieder anhört.

Wenn ich dir aus meiner eigenen Erfahrung einen Rat mitgeben darf: Lerne so viel über Selbstvermarktung und Akquise, wie du nur kannst. Lass erst einmal die Finger von Jobplattformen, um an Aufträge zu kommen. Kümmere dich von Anfang an darum, wie man auf anderen Wegen an Kunden kommt.

Freelancing bringt am schnellsten erste Einnahmen, keine Frage. Im direkten Kundengeschäft ist eine digitale Dienstleistung meist schnell geliefert und genauso schnell abgerechnet. Zwar ist Kundengeschäft mitunter schwer skalierbar und automatisierbar. Aber auch das ist möglich, wenn man es richtig angeht – zumindest langfristig. Man kann Freelancing somit als Grundstein für den Aufbau eines Unternehmens nutzen.

Wer finanziell etwas besser aufgestellt ist und die richtigen Fähigkeiten mitbringt, der kann das Freelancing natürlich überspringen und auf anderen Wegen sein Geld verdienen, ein eigenes Produkt erschaffen zum Beispiel. Dafür benötigt man aber Geld oder Zeit, idealerweise sogar beides. Für alle anderen gilt: Am besten erstmal Geld scheffeln im Kundengeschäft und dabei Erfahrungen sammeln. Denn wenn gleich zu Beginn das Geldpolster nicht stimmt, ist alles andere für die Katz. Ohne Moos nix los. Vor allem lernst du im Kundengeschäft am besten die Basics der Akquise und des Direktmarketings kennen.

Die Reihenfolge sollte idealerweise so aussehen: Erst ein stabiles Einkommen aufbauen, dann mit anderen Möglichkeiten experimentieren, gegebenenfalls passive Geldströme aufbauen oder stattdessen die eigene Dienstleistung automatisieren und dann die neue Freiheit nutzen und zum Beispiel reisen. Wer gleich mit dem Reisen beginnt, der macht es sich deutlich schwerer (es kann aber grundsätzlich funktionieren).

Der Einstieg ins Freelancing ist gar nicht so leicht, wie es sich oft anhört. Zwar gibt es altbekannte Jobplattformen, auf denen man seine Fähigkeiten anbieten kann. Doch in Wahrheit suchen die meisten Auftraggeber dort vor allem billige Arbeitskräfte. Ein gut ausgebildeter Inder arbeitet für 600 Euro im Monat. Ein Hochschulabsolvent auf den Philippinen für unter 300 Euro. Der Europäer, der ein vierstelliges Einkommen benötigt, kann hier gegen Asiaten oder Südamerikaner mit dreistelligem Einkommen kaum bestehen und sich maximal auf Kunden im deutschsprachigen Raum stürzen. Aber auch in Osteuropa gibt es eine wachsende Armada an digitalen Arbeitskräften mit Deutsch-Fähigkeiten.

Ja, man kann auf Jobplattformen Geld verdienen und Auftraggeber finden. Aber gut bezahlte Jobs bekommt man hier nur in Ausnahmefällen. In der Regel muss man sich unter Wert verkaufen und verdient weniger als an der Tankstelle. Kein allzu erfolgversprechender Einstieg. Wenn du als Freelancer versuchst, über solche Plattformen Fuß zu fassen, gehst du einen wenig lukrativen Weg. Auch wenn du gut bist in dem, was du tust: Es bleibt ein undankbares Geschäft. Ich kenne nur sehr wenige Beispiele von Europäern, die sich über Jobplattformen ein nennenswertes Einkommen aufbauen konnten. Ich rate dir deshalb davon ab, zumindest wenn deine Ambitionen etwas größer sind. Du begibst dich dort auf ein Schlachtfeld, auf dem du es dir schwerer machst, als es scheint. In Indien, Vietnam oder auf den Philippinen gibt es übrigens ganze Firmen, die Hunderte von Mitarbeitern über Elance-Aufträge versorgen. Für weniger als zwei Euro die Stunde. Daher: Nutze diese Plattformen lieber geschickt als Auftraggeber. Sitz am anderen Ende der Kette! Finde Freelancer, die für dich arbeiten. Nicht andersherum.

Lerne die Basics von Selbstvermarktung und Akquise! Du solltest entscheidende Skills selbst erlernen, die dann solche Jobplattformen als Akquisetool für dich überflüssig machen. Vor allem (Selbst-)Marketing und Akquisekenntnisse sind Dinge, die dir ein Leben lang von Nutzen sind. Wer nicht verkaufen kann, wird immer einen Wettbewerbsnachteil haben, egal wie gut seine eigentliche Arbeit oder die Ausbildung ist. Wo lernt man Akquise und Marketing? Der optimale Weg ist sicherlich, von Menschen zu lernen, die bereits Profis in diesem Bereich sind. Ein Praktikum bei einem erfolgreichen Unternehmer, der die Kunst des Verkaufens beherrscht, ist sicher der erfolgreichste und zudem der einfachste Weg.

Ein anderer Weg ist, sich das Wissen mühsam selbst anzueignen. Da mir die Wichtigkeit dieser Fähigkeiten früher nicht klar war, habe ich mich Schritt für Schritt in diese Themen hineingearbeitet und lerne immer noch weiter, was funktioniert und was nicht. Noch heute passiert es mir immer wieder, dass eine Marketingaktion nicht funktioniert. Ein Selbststudium ist mit viel »Trial and Error« verbunden. Ich will gar nicht wissen, wie viel Geld ich schon in unnützen Werbemaßnahmen verbrannt habe. Aber ich habe daraus gelernt.

Lerne vor allem auch, die Angst vor der Ablehnung abzulegen und trau dich, zum Telefonhörer zu greifen und Menschen tatsächlich anzurufen.

Ein Anruf ist in vielen Bereichen immer noch tausendmal mehr wert als jede E-Mail. Lerne das Erstellen von Verkaufstexten. Probiere dich darin aus. Gehe dorthin, wo deine potenziellen Kunden sind. Nutze Social Media, E-Mail-Marketing und Tools zum Managen deiner Kundenbeziehungen (CRM). Stelle immer sicher, dass deine Kunden 120 Prozent zufrieden sind. Bestandskunden sind das Wertvollste, das es gibt. Finde heraus, was in deiner spezifischen Branche gut funktioniert.

Es gibt nicht den einen perfekten Weg, die Kundenakquise anzugehen. Du musst deinen Weg finden. Es lohnt sich, damit loszulegen und Dinge auszuprobieren. Marketing- und Akquisekenntnisse werden sich langfristig immer auszahlen. Sich selbst und die eigenen Dienstleistungen verkaufen zu können, ist der ultimative Schlüssel zum Erfolg. Zumindest, wenn man diesen am Umsatz misst.

Heute nutze ich internationale Jobplattformen nur noch selten, bin aber nach wie vor ein großer Fan davon. Jedoch nur aus der Perspektive eines Auftraggebers. Meine besten und treuesten freien Mitarbeiter habe ich z.B. auf Elance gefunden. (Nachdem wir im Lauf der Zeit eine Vertrauensbasis aufgebaut hatten, entschieden wir uns gemeinsam, aus Kostengründen auf die Nutzung von Elance zu verzichten und alles direkt abzurechnen.)

Lerne die nötigen Skills, um Kunden zu gewinnen, und verlass dich für deine Akquisemaßnahmen nicht auf Onlineplattformen. Die braucht man dafür nämlich nicht. Nutze sie lieber, um selbst Arbeit outzusourcen.

In unseren *Mastermind Workshops* widmen wir uns intensiv den Themen Akquise und Sebstvermarktung und geben dir weiter, was wir in über 15 Jahren Selbstständigkeit in diesen Bereichen gelernt haben.

KAPITEL 4

UNKONVENTIONELLE BUSINESS-REGELN

PROBIEREN GEHT ÜBER STUDIEREN

Ja, es sollen sich schon Menschen zu Tode geplant haben. Habe ich gehört.

Egal, was du vor hast, ist es natürlich wichtig, dir vorab einen Plan zu machen. Aber diese Zeit solltest du von vornherein begrenzen. Überlege dir, wie viel Planungsvorlauf sinnvoll ist. Ziehe davon die Hälfte ab und du hast deinen idealen Planungszeitraum. Nach Ablauf der Planungsphase ist es dann vorbei mit der Theorie und du musst mit konkreten Handlungs-schritten starten. Eben jene Handlungsschritte, die du dir in der Planung zuvor überlegt hast. Nicht schummeln!

Das klingt banal, ist aber tatsächlich ein großes Problem. To-Do-Listen und all diese Dinge schreiben sich eben mal so schön leicht. Langfristi-gere Dinge anzugehen ist einfach nicht so verlockend. Die Belohnung, die das Abschließen dieser Aufgaben mit sich bringt, ist noch so weit weg und reicht nicht aus, um einen wirklich zu motivieren. Es gibt hier ver-schiedene Tricks, mit denen du schneller ins Tun kommst. Überlege dir Meilensteine als Ziele – zum Beispiel den ersten Euro, über den wir zuvor gesprochen haben.

Lass uns einfach mal in praktischen Beispielen denken: Wenn du eine Website aufsetzen möchtest, um dort etwas zu verkaufen, dann kann in vielen Fällen schon eine einfache Wordpress-Seite ausreichen, auf der es eine kurze Produktvorstellung gibt und unten ein Kaufen-Button integriert ist. (Wenn du nicht weißt, was Wordpress ist: Bitte sofort googeln und mindestens zwanzig Minuten darüber lesen.) Die Seite muss nicht perfekt aussehen, das kannst du alles später machen. Die Lokomotive muss erst einmal zum Laufen kommen. Ein Produkt, eine Website, ein Button. Mehr muss es am Anfang nicht sein. Kein Bling Bling, kein hipsteriges Logo, kein Erklärvideo mit pseudolustigen Männchen, die dem Besucher in nur zwanzig Minuten erklären, warum er dein Produkt... zzzZZZzzz. Bei pseudolustigen Männchen schlafe ich immer sofort ein, wenn das Video länger als drei Minuten dauert.

So ähnlich wie mit der Planung verhält sich das im Übrigen auch mit dem Startbudget. Kann man machen, muss man aber nicht. Besonders wenn man nicht weiß, was man tut, kann das ganz schön in die Hose gehen. Auweia, mir wird ganz schwindelig, wenn ich an das Jahr 2011 zurückdenke. Damals habe ich mir einen Startkredit genommen. Einen sogenannten »Mikrokredit«. Eigentlich eine tolle Sache. Als angehender Selbstständiger ohne nennenswerte Rücklagen kann man sich einen schönen Kredit besorgen und muss relativ wenige Nachweise liefern. Geld auf dem Konto ist aber nicht gleich Geld auf dem Konto. Hallo Schuldenfalle! Ein regelmäßiges Einkommen hat man ja als Gründer sowieso nicht. Ich hatte also 10.000 Euro zur Verfügung, um in meine Unternehmung zu investieren. Das habe ich dann auch fleißig getan. Der neueste Rechner. Eine schicke Website, natürlich vom Profi. All das half mir aber nicht dabei, Kunden zu gewinnen. Rückblickend habe ich damals eine Menge Geld in den Sand gesetzt und musste diese Schulden über die folgenden zwei Jahre abtragen. Ich war damals einfach noch nicht so weit, ich wusste es nicht besser. Heute würde ich mir keinen neuen Rechner kaufen, denn das ist kein Erfolgskriterium. Eine Website würde ich mir anfänglich selbst erstellen (mit Hilfe von Wordpress gar nicht schwer). Und ich würde all meinen Fokus darauf richten, Kunden zu gewinnen. Eine teure Lernkurve. Erst den ersten Euro einfahren, dann an Visitenkarten oder anderes Brimborium denken. First things first. Ohne Kunde kein Geschäft.

SCHOKOLADE UND RATGEBER-BÜCHER IMMER IN MASSEN

Meine Großmutter hat im Grunde immer schon gewusst, wie der Hase läuft. Das Problem war nur, dass ich häufig nicht auf sie gehört habe. Einer ihrer Lieblingssprüche war: »*Du kannst alles essen, du kannst alles trinken – aber alles in Maßen!*« Sie selbst hat viele Jahre täglich eine Zigarette geraucht. EINE Zigarette!!! Der feuchte Traum vieler Kettenraucher. Und zwar nach dem Mittagessen zum Kaffee. Das hat mich fasziniert. Ich habe das damals auf meinen Schokoladenkonsum übertragen. Erfolgreich. Bis heute sind Freunde von mir häufig verwundert, wie ich es schaffe, dass bei mir eine Tafel Schokolade eine ganze Woche hält.

So ähnlich mache ich das heute auch mit »How to«-Büchern oder Blog-artikeln. Überall wird einem gesagt, was man tun muss, damit man zu-friedener, erfolgreicher oder gesünder wird. In vielen dieser Bücher oder Blogartikel stecken gute Infos und häufig eine saftige Portion Motivation. Deswegen lese ich sie auch so gern. Es steckt genau das darin, worum ich mich auch in diesem Buch bemüht habe: Motivation erzeugen, damit du dich aus der Deckung traust. Aber trotzdem sollte man sie nur in Maßen genießen, denn sie halten einen vom TUN ab.

Ich selbst lese unheimlich gern »How to«-Bücher. 80 Prozent aller Bücher auf meinem Kindle sind motivierende Bücher aus den Bereichen Selbst-entwicklung, Selbstständigkeit und Gründung, die mir in gewisser Form immer wieder aufs Neue eine Anleitung an die Hand geben.

Fun Fact: Ein Zeichen dafür, wie sehr ich diese Bücher mag, ist wohl die Tatsache, dass ich angefangen habe, selbst Bücher dieser Kategorie zu schreiben. Auweia.

Klar. Dieses schöne Buch hier, in dem du gerade stöberst, ist ebenfalls ein »How to«-Buch. Da ich hier von meinen ganz eigenen Erfahrungen be-richte und diese auch von anderen Büchern geprägt wurden, sind manche Infos dir sicherlich schon einmal an anderer Stelle begegnet (nur nicht so schön und lustig und unterhaltsam verpackt, wie ich hoffe).

Keine Frage: »How to«-Bücher sind gut, um dich zu motivieren. Aber du solltest sie wirklich nur in Maßen und wohl dosiert lesen und nicht zu einem »Ich lerne immer weiter, aber mache nichts«-Typ werden. Bücher können dich nämlich, wie zuvor beschrieben, auch in die Planungsfalle locken. Verschiedene Autoren haben außerdem verschiedene Meinungen. Am Ende weißt du gar nicht mehr, wem du nun glauben sollst.

Zudem lernt man aus den eigenen Fehlern am meisten. Die Erfahrungen anderer helfen dir immer nur bedingt weiter. Selbst zehn gelesene Bücher können nicht mit einer selbst gemachten Erfahrung mithalten. Ich glaube nicht, dass ein Steve Jobs all zu viel Zeit mit »How to«-Büchern verbracht hat. Er hat lieber einfach mal losgelegt und Fehler mit einkalkuliert.

Das war nun ein wenig Antiwerbung für mein eigenes Buch. Aber ich fand es wichtig, darüber gesprochen zu haben. »How to«-Bücher sind eine gute Sache, aber – genauso wie bei der Schokolade – eben nur in Maßen. Zum Glück hast du meines nun schon halb durch. Wie wäre es danach mit einem Roman?

NETZWERKEN, OHNE SICH IM NETZ ZU VERHEDDERN

Sich ein Netzwerk und Kontakte aufzubauen und sich mit anderen Unternehmern oder Freelancern in ähnlichen Bereichen intensiv auszutauschen, ist extrem wichtig und hilft sehr, voranzukommen. Es motiviert, man lernt dazu und man kann sich gegenseitig helfen. Ich rate dringend dazu, dir ein solches Netzwerk Gleichgesinnter aufzubauen, wenn du noch keines hast.

Du musst dabei nicht ausschließlich an Menschen herantreten, die mehr Erfahrung haben als du und schon länger selbstständig sind. Ein paar solcher Kontakte helfen sicher. Aber gleichgesinnte Menschen, die auch noch am Anfang stehen, bringen dich genauso weiter. Sie wachsen gemeinsam mit dir und es ist leichter, sie kennenzulernen.

Bei unseren *Mastermind Workshops* merke ich das immer wieder. In Workshops mit einer relativ kleinen Gruppe besprechen wir die unterschiedlichen Businessideen der Teilnehmer. Häufig sind es andere »Anfänger«, die ganz wesentliche Ideen und Impulse geben. Austausch untereinander ist immer wertvoll.

Für das Netzwerken gilt jedoch wieder das gleiche Prinzip, das meine Großmutter damals auf Zigaretten, Schnaps und Schokolade bezogen hat. Zu viel davon ist kontraproduktiv.

Ich kenne diverse Menschen, die auf jedem möglichen Event zu finden sind, den man so besuchen kann. Immer die Visitenkarte im Ärmel. Sie sind immer da und erweitern ihr Netzwerk. »Was machst du? Ah, interessant. Hier meine Karte.« Aber das vermeintliche Netzwerk bringt ihnen am Ende nur dann etwas, wenn es auch etwas gibt, dass sich damit befeuern lässt. Ohne ein eigenes Produkt oder eine eigene Dienstleistung nützt dir das beste Netzwerk nichts. Außerdem ist ein kleines, aber gezielt aufgebautes Netzwerk viel sinnvoller, als ein Wust an Bekannten, die alle irgendwas mit »Onlinebusiness« machen. Was nützt dir der Modeblogger, wenn du einen Onlineshop für Ökolatschen hast?

Kurz gesagt: Zu viel Networking bringt nichts, wenn keine Zeit zum Arbeiten übrig bleibt. Aber ganz darauf zu verzichten, wäre auch fatal. Hier muss man eine gesunde Mischung finden, Beziehungen unbedingt pflegen, aber der zu erledigenden Arbeit immer die höchste Priorität geben.

Das gleiche gilt übrigens für ganz normale Freundschaften. Ein freundliches »Nein, tut mir leid, dabei kann ich dir jetzt nicht helfen« sollte jede Freundschaft aushalten. Man kann im übrigen solche Dinge auch sehr charmant vermitteln. Eine nachvollziehbare Begründung hilft ebenfalls.

Oft schwingt auch die Angst mit, etwas zu verpassen. Aber diese Angst ist etwas, von der man sich völlig frei machen sollte. Die Erde dreht sich auch ohne dich und du wirst dich weiterhin mit ihr mitdrehen. Ob du willst oder nicht.

AKQUISE UND SELBSTVERMARKTUNG LAUFEN PARALLEL

Was ist der Unterschied zwischen Selbstvermarktung und Akquise? Wenn du die Antwort kennst, dann kannst du den folgenden Abschnitt getrost überspringen. Wenn du dir nicht sicher bist, dann lies unbedingt weiter.

Akquise ist die direkte Ansprache eines potenziellen Kunden, meist auf kurzem Wege. Durch eine E-Mail, durch ein Telefonat oder durch ein direktes Gespräch. Auch ein Webinar kann eine Akquisemaßnahme sein, zum Beispiel, wenn du am Ende des Webinars etwas zum Kauf anbietest.

Selbstvermarktung ist langfristiger ausgelegt. Es geht darum, dich und deine Expertise zu vermitteln und Vertrauen aufzubauen. Durch eine gute Selbstvermarktung können langfristig Verkäufe erzielt werden, beispielsweise wenn du auf einem eigenen Blog über dein Expertenthema Artikel schreibst, die dem Leser zeigen, dass du wirklich etwas von dem Thema verstehst. Er baut Vertrauen zu dir auf und kauft dein Produkt. Der Vorteil der Selbstvermarktungsstrategie ist offensichtlich: Du hast langfristig weniger Arbeit damit. Du musst nicht deine Energie in eine Akquisemaßnahme stecken, der Kunde kommt ganz von allein zu dir. Er entscheidet selbst, ohne dass du ihn ansprechen musst. Das ist ziemlich sexy und fühlt sich deutlich besser an, als »Klinken zu putzen«.

Trotzdem solltest du gerade am Anfang beide Strategien verfolgen und parallel fahren. Je nach Unternehmung kann das eine oder das andere am Anfang wichtiger sein. Aber du musst dich unbedingt mit beidem auseinandersetzen. Lerne den Unterschied zwischen Akquise und Selbstvermarktung kennen und betreibe beides parallel. Vernachlässige am Anfang die Akquise nicht. Im Folgenden habe ich noch ein paar Buchtipps, die dir hoffentlich genau so gut weiterhelfen, wie sie es bei mir mir getan haben:

· *No B.S. Direct Marketing* von Dan Kennedy
· *Selbstmarketing für Schüchterne* von Susanne Hake
· *Kann man denn davon leben?* von Peter Haas
· *Heiß auf Kaltakquise* von Tim Taxis
· *Die Wissenschaft der Werbung* von Claude Hopkins

WIE VIEL KOMMT REIN, WIE VIEL GEHT RAUS?

Den Überblick übers Geld behalten? Für mich ein ewiger Kampf. Als Finanzminister würde ich mir sofort das Leben nehmen. Aber die Wahrheit ist leider, dass es als Selbstständiger absolut überlebensnotwendig ist, die Übersicht zu behalten – erst recht, wenn man erfolgreich ortsunabhängig selbstständig sein möchte. Viele dieser ganzen Finanzdinge lassen sich zwar von unterwegs managen, aber es kann mitunter schwieriger sein, die Übersicht zu behalten.

Klar, als Angestellter wird einem einmal im Monat das Gehalt überwiesen. Wie ein Auto, mit dem man an die Tankstelle fährt, es auftankt und so lange fährt, bis es leer ist. Als Selbstständiger hat man aber – rein bildlich gesprochen – viele kleine Löcher im Tank. Man weiß somit nie so richtig, wie lange der Sprit noch hält. Zudem ändern sich ständig die Tankstellenpreise – wie gesagt, rein bildlich gesprochen!

Allein die Umsatzsteuer ist ein immer wiederkehrendes Sümmchen, dass spätestens zum Quartalsende vom Finanzamt eingefordert wird. Alles, was du an Rechnungen stellst oder an Einnahmen generierst (bis auf wenige Ausnahmen), enthält die Mehrwertsteuer und die ist in Deutschland abzuführen. Dieser Betrag geht zwar auf dein Konto, aber gehört dir nicht. Klar soweit. Viele Selbstständige sind jedoch schon böse auf die Nase gefallen, weil sie nicht bedacht haben, dass sie dieses Geld nicht behalten dürfen. Das Finanzamt ist da völlig unbarmherzig. Das Geld wird eingefordert – und zwar pünktlich.

Aber auch aus anderen Gründen ist es so wichtig, die Übersicht zu haben. Habe ich noch genug, um eine bestimmte Investition zu tätigen? Wie viele Monate oder Jahre reicht mein geschäftliches Polster, wenn mal keine Aufträge hereinkommen?

Falls du ein Zahlenjongleur bist und an diesen Dingen Spaß hast, wirst du damit keine Probleme haben und kannst diesen Abschnitt überspringen. Wenn es dir aber so geht, wie mir es lange erging, und du dir erst mühsam ein funktionierendes System erarbeiten musst, dann habe ich noch ein paar Tipps für dich, mit denen ich die Sache im Lauf der Zeit in den Griff bekommen habe:

FÜHRE EINE EXCEL-LISTE (ALLES ANDERE IST KOKOLORES)

Halte es so einfach wie möglich, damit du es auch wirklich regelmäßig machst. Halte deine Einnahmen und Ausgaben exakt fest. Ich nutze mittlerweile für einige bestimmte Geschäftseinnahmen <u>FastBill</u> (von dieser Seite hören wir später noch mehr). Ein Tool, das ich sehr empfehlen kann, aber das auch ordentlich gepflegt werden muss. Für andere Einnahmen greife ich immer noch auf meine Excel-Liste zurück. Ich habe es gern so simpel wie möglich, denn nur dann mache ich es auch.

NUTZE MEHRERE KONTEN (ODER UNTERKONTEN)

Du solltest von deinen Einnahmen generell sofort einen Steuereinbehalt abziehen und auf einem Unterkonto oder separatem Konto parken. Einen weiteren Sicherheitseinbehalt parkst du auf einem weiteren Unterkonto. Klingt aufwendig? Die Mühe lohnt sich, um die Übersicht zu behalten. Für deine Privatausgaben führst du ein weiteres Konto, auf das du dir ein Gehalt überweist. Wenn du weitere Einnahmen hast (z.B. in meinem Fall durch Bucheinnahmen oder Affiliate-Provisionen), dann sollten diese ebenfalls auf ein separates Konto gehen. Ich nutze solche passiven Einnahmen als Spareinlage und lebe von Einnahmen durch das Kundengeschäft.

AUSGABENBELEGE SOFORT VERARBEITEN

Du hast eine Rechnung bezahlt? Dann halte das sofort in deiner Liste fest und lege den Beleg sicher ab. Nicht damit warten, sofort machen. Zu oft wird sonst etwas vergessen. Dann lässt du Geld auf dem Tisch liegen, weil du dir die Steuer nicht zurück holst und verlierst die Übersicht.

Für manch einen mögen diese Tipps ein alter Hut gewesen sein. Aber selbst, wenn es nur drei Leuten dabei geholfen hat umzudenken, um zukünftig mehr Überblick bei ihren Finanzen zu haben, dann war es mir die Sache wert. Ich hoffe, die mitlesenden Finanzgenies verzeihen mir.

Ich mag eigentlich auch keine Zahlen, aber man muss wissen, was rein und raus geht, und man muss Rücklagen bilden. Man muss lernen, mit Geld umzugehen.

DIE EIERLEGENDE WOLLMILCHSAU WILL KEINER

Dieser Abschnitt betrifft im Grunde all jene, die eine Dienstleistung anbieten wollen. Wenn du nicht als Freelancer oder Dienstleiter einsteigen willst, dann kannst du diesen Abschnitt überspringen.

Eine häufige Frage lautet: Wie stelle ich mich auf? Du musst dir als Dienstleister überlegen, wie stark du dein Angebot eingrenzt, um weder als die eierlegende Wollmilchsau wahrgenommen zu werden, noch so spezialisiert zu sein, dass am Ende der potenzielle Kundenkreis zu klein wird. Wenn man sich zu breit aufstellt, dann denkt sich der potenzielle Kunde: »Der kann alles, also kann er nichts.« Das gilt es dringend zu vermeiden. Gleichzeitig musst du aber testen, welche Dienstleistungen tatsächlich auf dem Markt gefragt sind und solltest dich deswegen nicht völlig auf eine Richtung festlegen.

Eine Strategie, mit der ich gut gefahren bin, war die folgende: Ich habe mich in meiner Außendarstellung relativ stark spezialisiert, um in den Augen der Kunden eben nicht die Wollmilchsau zu sein, habe aber in E-Mails oder in Gesprächen erwähnt, dass »wir gern auch noch gewisse andere Dienstleistungen« mit anbieten. So konnte ich testen, ob diese überhaupt gefragt waren und dementsprechend justieren.

In der Außendarstellung war ich so lange Zeit nur der Fachmann für technische Zeichnungen, habe dem Kunden aber im Nachgang auch angeboten, 3D-Darstellungen für ihn anzufertigen oder 3D-Modelle drucken zu lassen. Die reinen 3D-Darstellungen wurden gut angenommen und somit von mir ausgebaut. Die 3D-Modelle hat keiner nachgefragt, so wurde diese Dienstleistung wieder eingedampft.

Es ist also durchaus sinnvoll, am Anfang ein Alleskönner zu sein. Trotzdem solltest du dich niemals als dieser verkaufen. Nimm an Aufträgen mit, was für dich möglich erscheint, aber behalte deine Marktzuspitzung bei. Du kannst sie anpassen, wenn sich herausstellt, dass gewisse Dienstleistungen stärker gefragt sind.

Kurz und knackig formuliert: Zwar sollte man bereits zu Beginn ein klares Angebot haben. Aber wenn doch mal eine Anfrage kommt, die nicht zum Angebot passt, sollte man die nachgefragte Dienstleistung trotzdem dem Kunden anbieten und ausführen, soweit möglich. Nur so findet man seine Marktposition langfristig.

DER EWIGE KAMPF GEGEN DIE BUMMELEI

Das härteste dabei, ein Projekt zu starten, ist meistens, das Projekt zu starten. Klingt verrückt, ist aber so. Viele bekommen die Lokomotive einfach nicht zum Laufen. Das liegt jedoch nicht immer am fehlenden Dampf, sondern häufig an der falschen Strategie.

Prokrastination nennt man dieses Phänomen, wenn man gebildet klingen will. Erledigungsblockade oder Aufschiebungsverhalten, wenn man verstanden werden will. Ich nenne es am liebsten einfach Bummelei – nicht zu verwechseln mit Fummelei.

Klassische Bummelei äußert sich oft dadurch, dass man nicht in der Lage ist, mit einer vor einem liegenden Aufgabe zu beginnen. Oft liegt dies daran, dass die Aufgabe bereits so überwältigend wirkt, dass man lieber erst gar nicht damit anfängt, da die kleinen Alltagsdinge einem viel schneller ein Belohnungsgefühl verschaffen. Bügeln oder Spülen wird plötzlich zu einer sehr beliebten Aktion. Das wird zuerst erledigt, schließlich muss man da das Köpfchen weniger anstrengen und fühlt sich nach der Fertigstellung gut, da man etwas abhaken kann. Die Zehennägel müssten auch mal wieder geschnitten werden. Und außerdem ist der letzte Kaffee schon viel zu lange her. Das macht Sinn. Zumindest so lange, bis einem einfällt, dass da ja noch etwas anderes zu erledigen war.

Es gibt unglaublich viele Videos, Bücher und Kurse, die sich mit dem Thema Prokrastination beschäftigen. Ich finde aber, dass das Thema ein wenig überbewertet wird, denn die Lösung ist relativ kurz formulierbar. Menschen ticken nun einmal so, dass sie immer den Weg des geringsten Widerstandes gehen wollen. Wir werden im Grunde wie Tiere auch nur von unseren Trieben gesteuert und haben ein wenig mehr Möglichkeiten, diese Triebe auszutricksen, als Tiere dies haben. Genau diese Fähigkeit sollten wir nutzen. Es gibt im Grunde drei Dinge, mit denen man das ganze Problem relativ schnell in den Griff bekommt. Diese drei Dinge hängen mit klassischer Selbstüberlistung zusammen. So kannst du Prokrastination stoppen, ohne zu dem Thema 20 Bücher lesen zu müssen. Für mich funktionieren diese Dinge immer und immer wieder. Los geht's:

TEILE DAS PROJEKT IN TEILSCHRITTE

Vor dir liegt eine Mammutaufgabe? Dann hol dir eine Kettensäge und zerleg das Mammut, bis es in die Tiefkühltruhe passt. Jede Teilaufgabe kannst du dann nacheinander abarbeiten und dich zugleich belohnen, wenn sie erledigt ist. So dauert es nicht so lange bis zur nächsten Belohnung. Setze dir vor allem auch Deadlines für die Beendigung jeder Teilaufgabe. Nichts ist schlimmer, als keinen festen Liefertermin zu haben. Ohne zeitliches Ziel nimmst du dir alle Zeit der Welt. Ist ja logisch, oder? Geht mir heute noch so. Ich für meinen Teil brauche ein festes Datum.

WERDE VERFÜHRUNGEN LOS

Kennst du sicher gut: Du quälst dich durch eine Aufgabe und verlierst die Lust daran. Die vermeintliche Rettung vor dieser Aufgabe: Ein kurzes »fa« in den Browser tippen und schon erkennt die Worterkennung im Browser, wo die Reise hingehen soll. Alles wird wieder gut. Hmmm. Nein, wird es nicht! Ich nutze einen Facebook-Blocker, der verhindert, dass ich ohne nachzudenken auf meiner Tastatur Richtung »fa« steuere. Facebook ist böse! Blocke es und rufe es nur ein- bis zweimal am Tag gezielt auf. Menschen, die dir arbeitsrelevante Dinge über Facebook schicken, gehören verprügelt. Weise sie auf deine E-Mail-Adresse hin. Ganz, ganz wichtig: Nutze Facebook als deinen Marketingkanal, aber nicht als deinen Entertainmentkanal.

Übrigens: Auch andere Seiten, die ich häufig zur Ablenkung ansteuere, habe ich so geblockt.

FOKUSSIERUNG BEGÜNSTIGEN

Fokus ist wichtig und trainierbar. Wenn du große Probleme hast, dich auf eine Aufgabe zu konzentrieren, dann nutze hierfür Hilfsmittel. Hier muss jeder für sich selbst testen, was klappt. Die richtige Musik hilft mir dabei sehr. Zudem höre ich diese über Kopfhörer, sodass ich meine Umgebung ausblenden kann. Ein aufgeräumter virtueller Desktop sowie ein aufgeräumter Schreibtisch helfen ebenfalls sehr. Snackst du gerne beim Arbeiten? Dann stell dir dein Studentenfutter schon vor Beginn bereit, damit du nicht noch einmal aufstehen musst. Pausen sind wichtig, aber nutze die Pausen nicht zum Chatten, sondern um die Augen zu entspannen, indem du sie kurz zumachst oder aus dem Fenster schaust. Oder zum Pinkeln. Das war es auch schon. Diese drei Dinge haben mir geholfen, mein Bummelverhalten stark einzudämmen.

Übrigens: Versuch erst gar nicht, es völlig loszuwerden. Wir sind und bleiben Menschen. Wer nie prokrastiniert, der muss ein Roboter sein und ist mir grundsätzlich unheimlich. Nix gegen Roboter.

KAPITEL 5

INSPIRIERENDE QUERDENKER

VORWORT

Du hast es geschafft, dich bis zum Filetstück dieses Buches durchzubeißen. Herzlichen Glückwunsch! Es ist Zeit, einige konkrete Beispiele von Menschen anzusehen, die ihren ganz eigenen Weg gegangen sind. Alle diese Menschen haben sich etwas Eigenes aufgebaut, das sie ernährt – und zwar, indem sie nicht in Mustern gedacht haben, die ihnen durch ihre Umwelt diktiert wurden. Sie sind Querdenker und haben ihre Komfortzonen verlassen, um neue Wege zu gehen. Sie legen sich am Sonntagabend mit einem Gefühl der Vorfreude auf den Montag ins Bett. Denn keiner von ihnen muss sich eine Stunde ins Auto setzen und durch den Berufsverkehr quälen, um dann weitere neun Stunden an einen Bürostuhl gefesselt zu sein und Aufgaben zu erledigen, zu denen er keinen persönlichen Bezug hat.

Alle der hier vorgestellten Menschen arbeiten hart, keine Frage. Aber sie haben sich trotzdem durch ihre kreative Selbstständigkeit oder ihre Gründung maximale Freiheit ermöglicht. Manch einer von ihnen arbeitet zu Hause im Schlafanzug, manch anderer in einer Strandbar in Thailand. Wieder andere gehen jeden Morgen brav in ihr Co-Working oder Office – dann jedoch ihr höchst eigenes, in dem sie jederzeit kommen und gehen können, wie sie es selbst für richtig halten.

Die Beispiele und Lebenswege, die dich nun erwarten, sind alle extrem unterschiedlich. Jeder hat seinen eigenen Weg gewählt, um sich das Leben zu ermöglichen, das er oder sie sich wünscht. Manch einer verdient hohe fünfstellige Beträge im Monat, manch anderer verdient im unteren vier-stelligen Bereich, kann aber gut davon leben. Aber es geht hier nicht um Erfolgsstorys, die sich einzig und allein an den Einkünften messen lassen. Es geht auch darum, ein sicheres und stabiles Einkommen zu haben, sich selbst aber vor allem das Leben zu ermöglichen, das man sich wünscht. Wie viel Geld man dafür benötigt, ist relativ, solange es einem die finan-ziellen Sorgen nimmt.

Ich habe bewusst sehr unterschiedliche Beispiele für dieses Buch gewählt, weil auch du, der Leser, unterschiedliche Ziele und Vorstellungen hast. Der eine kann sich besser mit Christian, dem Gründer, identifizieren, der ein ganzes Unternehmen leitet und dabei zwar in weiten Teilen, aber eben nicht völlig ortsunabhängig lebt, dafür aber etwas richtig Großes schafft. Der andere möchte maximale Freiheit wie Jeanette, die vom Self Publishing gut lebt und ihrer Tätigkeit wirklich von überall nachgehen kann. Beides ist erfüllend, beides schafft Mehrwert, aber das Leben ist ein völlig anderes.

Ich hoffe, die Beispiele in diesem Buch inspirieren dich, deinen eigenen Weg zu finden und vor allem diesen auch tatsächlich zu gehen. Versuche dabei nicht, den Weg eines anderen zu kopieren. Lass dich inspirieren, aber mach am Ende dein ganz eigenes Ding. Denn keine der hier beschrie-benen Storys und Lebenswege sind kopierbar. Aber sie bringen dich auf eigene Ideen und zeigen dir, was alles möglich ist. Los geht's!

CHRISTIAN HÄFNER – BUCHHALTUNG, ABER SEXY

Leidenschaft und Begeisterung für das eigene Business können auf vie-lerlei Weise entstehen. Das Geschäftsfeld selbst muss dabei nicht immer besonders sexy sein oder den eigenen Leidenschaften entsprechen. Man kann man auch einem eher trockenen, langweiligen Thema ein neues Kleid verpassen. Oder aber die Prozesse beim Aufbau des Unternehmens selbst und die ansteckende Begeisterung der Kunden können in einem so viel Begeisterung und Leidenschaft entfachen.

Christian ist ein tolles Beispiel dafür. Er hat (gemeinsam mit seinem Co-Founder René) im Jahre 2011 FastBill ins Leben gerufen. FastBill ist ein sogenannter »SaaS« (Software as a service)-Dienstleister. Die webbasierte Software, die man über die Website aufruft, bietet ein modernes Abrechnungs- und Buchhaltungstool für Selbstständige, kleine und mittlere Unternehmen. Man kann seine Kundendaten verwalten, Angebote und Rechnungen automatisch erstellen lassen und seine gesamten Einnahmen und Ausgaben über das Tool verwalten. Darüber hinaus gibt es eine einfache Möglichkeit, dem Steuerberater alles online und digital zu übermitteln, ohne Schuhkarton und ohne Papier.

Christian und sein Co-Founder haben mit ihrem Unternehmen eine ziemlich nette Wachstumskurve hingelegt. Nachdem FastBill im ersten Monat mit gerade einmal zehn Nutzern gestartet war, hat das Unternehmen mittlerweile über 30.000 Kunden. Dazwischen lagen aber einige Jahre voller Schweiß und langer Nächte. Die Funktionen des Tools werden ständig erweitert. Die beiden lieben es, immer weiter zu optimieren und neue Ideen zu entwickeln. Anfänglich haben sie diese selbst umgesetzt, mittlerweile haben sie ein großes Team.

Christian sagt dabei selbst, dass er nie davon geträumt hat, die Welt der Buchhaltung zu revolutionieren. Er ist in das Thema eher hineingerutscht, da sein Co-Founder die Plattform bereits als Idee in der Schublade hatte. Buchhaltung klingt nicht sehr sexy. Trotzdem spürt man in Christian die große Begeisterung und Leidenschaft für sein Unternehmen, wenn man mit ihm spricht. Genau diese Begeisterung ist es, die man entwickeln muss, wenn man ein Unternehmen in nur drei Jahren von zehn auf 30.000 Kunden skalieren will. Christians Beispiel zeigt auch, dass die Begeisterung nicht aus dem Thema selbst erwachsen muss, sondern auch im Prozess liegen kann.

Nach einem klassischen BWL-Studium hat Christian erst einmal, wie so viele, den Weg eingeschlagen, der ihm als der logischste erschien: Eine Karriere in einem großen, namhaften Unternehmen. Knapp drei Jahre war er beim Otto Versandhandel als IT-Projektmanager tätig, bevor er sich entschied, alles auf eine Karte zu seten und zum Vollzeit-Gründer zu werden. Manch andrer hätte sich vermutlich bei Otto eingenistet, es sich dort gemütlich gemacht und es auf der klassischen Karriereleiter probiert. Aber ihm kam zu Gute, dass er keine Angst vor der Selbstständigkeit hatte. Vor allem deswegen, weil er die ersten kleinen Versuche schon hinter sich hatte und er im Grunde wusste, dass es möglich ist. Er glaubte an sich.

Einige Gründungsversuche startete er bereits vor und während des Studiums und während der Anstellung. Zwar gelang es ihm dabei noch nicht, ein gutes Einkommen zu erzeugen, aber es waren eben auch nur Nebenprojekte, die vielleicht erfolgreicher geworden wären, wenn er alles auf eine Karte gesetzt hätte. Probieren geht über Studieren: Der Lernprozess war hier sehr wichtig. Die ersten Versuche sind die beste Schule. Kaum ein Gründer startet mit seiner ersten Idee voll durch, auch bei Christian war es nicht so. »*Ich habe in dieser Zeit unglaublich viel gelernt*«, sagt er.

Er startete früh und hat gern Dinge probiert. Als Schüler modifizierte er die Handys seiner Freunde und stockte damit seine Finanzen auf. Mit 18 startete er gemeinsam mit Freunden eine Event-Firma, mit der sie Partys organisierten. Während der Festanstellung bei Otto gründete er dann »Happy Coffee« und vertrieb auf der Website Fair-Trade Kaffee aus Papua Neuguinea in Deutschland.

Als dann die Chance kam, gemeinsam mit einem Freund, den er bei einem Praktikum in New York kennengelernt hatte, FastBill zu gründen, konzentrierte er sofort seine ganze Energie auf das eine Projekt und gab seinen Job bei Otto auf. Ein weiteres Beispiel, wie wichtig die Komponente »Fokussierung« ist. Er stürzte sich einzig und allein auf das neue Projekt, sicher einer der Gründe für den Erfolg.

Christian ist überhaupt kein Mathe-Nerd, so wie man ihn bei diesem Thema erwarten würde. Eine große Liebe für Zahlen hat er auch nicht. Er trägt gern bunt und sportlich und seine Gesichtsbehaarung gleicht eher der von Mc Fitti als der eines Finanzamt-Mitarbeiters. Woher kommt also diese Begeisterung für so ein trockenes Thema? Sie liegt eben nicht an seinem unglaublich großen Interesse an Buchhaltung. Christian zieht seine Begeisterung und Leidenschaft stattdessen aus diesen drei Dingen:

DAS TEAM

Die Konstellation, in der FastBill gegründet wurde, hat einfach gepasst. Christian hat sich mit Menschen umgeben, die ihn inspiriert und begeistert haben. Sein Co-Founder war der perfekte »Partner in Crime« für dieses Projekt und ihre Fähigkeiten haben sich ideal ergänzt. Wenn man gegenseitig innerhalb des Teams immer wieder die Begeisterung entfachen kann, *»dann hat man das richtige Team gefunden«*, sagt Christian.

MEHRWERT

Buchhaltung ist zwar langweilig, aber jeder muss sie machen. Somit ist auch jeder dankbar für eine Lösung, die den Prozess der Buchhaltung erträglicher und angenehmer macht. Man erzeugt einen klaren Mehrwert – und dieser sorgt am Ende auch unvermeidbar für begeisterte Kunden. Einen Mehrwert zu bieten motiviert!

DAS NEUE KLEID

Christian hat mit FastBill einem langweiligen und trockenen Thema einen neuen Anstrich geben können. Buchhaltung macht niemand gerne. Auch mit FastBill nicht. Aber jeder muss sie machen und dann lieber mit FastBill als mit jedem anderen Tool. Die Benutzeroberfläche ist intuitiv, auf das Wesentliche reduziert und wirkt nicht wie die üblichen Excel-Listen, die dazu einladen, nach fünf Sekunden mit dem Kopf auf der Tischplatte in einen Tiefschlaf zu verfallen.

Das zeigt eindeutig, dass man nicht zwangsläufig für das Thema an sich brennen muss. Die Leidenschaft kann auch aus anderen Quellen erwachsen. Selbst bei einem Thema, das man mit so vielen negativen Assoziationen verbindet, kann man die Leidenschaft entdecken oder daraus beziehen, dass man das Thema attraktiver macht.

Christian ist nicht das einzige Beispiel von jemandem, der ein weniger spannendes Thema völlig neu und interessant verpackt und seine Inspiration aus anderen Quellen speist, als der puren Begeisterung für das Thema an sich. Ich werde dir später noch ein weiteres Beispiel vorstellen.

Zuvor will ich dir aber noch einige Erfolgstipps von Christian mit auf den Weg geben. Ich habe mich mit ihm darüber unterhalten, welche Dinge für seinen Erfolg ausschlaggebend waren. Viele dieser Punkte sind mir schon bei anderen Gesprächspartnern als besonders wichtige Erfolgseigenschaften genannt worden. Einige kenne ich auch aus meinen eigenen Erfahrungen.

Besonders wichtig war es für Christian, den richtigen Geschäftspartner an seiner Seite zu haben. Ein Punkt, der also nicht nur für die Begeisterung für das Projekt, sondern (infolgedessen) auch für den Erfolg relevant ist. »*Wir ergänzen uns ideal in unseren Fähigkeiten und persönlichen Eigenschaften. Wir harmonieren, können aber auch mit gegenseitiger Kritik umgehen.*« Sie sind sehr offen untereinander und sprechen alles an.

Zudem ist das Commitment für das Projekt für Christian ausschlaggebend gewesen. Man verpflichtet sich zu gewissen Dingen, wie z.B. eine Mindeststundenzahl zu leisten (ohne sie zu zählen), sich an bestimmten Tagen zu treffen oder wie in Christians Fall jede zweite Woche von Hamburg nach Frankfurt zu fahren, um von dort gemeinsam das Produkt weiterzuentwickeln. Christian lebt somit abwechselnd in Hamburg und Frankfurt. Sein soziales Umfeld spielt sich vor allem in Hamburg ab, in Frankfurt hat er sich in erster Linie auf das Produkt konzentriert und dort gemeinsam mit seinem Co-Founder eine Wohnung bezogen.

Nachdem das Produkt ausgereift war, haben Christian und sein Geschäftspartner alles daran gesetzt, Aufmerksamkeit zu erregen und FastBill bekannt zu machen. Sie haben dabei auf unterschiedlichste Strategien zurückgegriffen und viel experimentiert. Was funktioniert hat, haben die beiden wiederholt und verbessert. Dabei sind sie konstant am Ball geblieben. Heute kennt FastBill unter den Internet-Startups und Solopreneuren im Netz nahezu jeder.

Einiges über seine Experimente mit der Vermarktung von FastBill kannst du übrigens auf Christians Blog www.letsseewhatworks.com lesen.

THORSTEN KOLSCH – MIT SCHLAGER INS ONLINE-MARKETING

»Gehen Sie davon aus: Es handelt sich um eine Lebensstellung«, sagte der Personalleiter eines großen Unternehmens zu Thorstens Vater, nachdem dieser sich als junger Mann dort beworben hatte und zum Einstellungsgespräch geladen wurde. Nach dem Gespräch bekam er die Stelle und so ähnlich kam es dann auch: Sein Vater wechselte in seiner gesamten Zeit als Angestellter bis zur Rente insgesamt nur zweimal den Job. Im Grunde schon recht viele Wechsel, zumindest für einen Festangestellten aus dieser Generation.

Thorsten sieht das Ganze jedoch völlig anders: *»Für mich würde sich das Wort »Lebensstellung« bei einem Einstellungsgespräch anhören wie eine Drohung oder einfach nur ein Scherz.«* Thorsten hat eine Ausbildung in Hamburg bei Warner Music gemacht und war anschließend einige Jahre bei AOL fest angestellt. Dort hat er recht gut verdient und war zufrieden. Trotzdem waren da der Drang nach mehr Selbstverwirklichung und der Wunsch, selbst etwas auf die Beine zu stellen.

Während seiner Ausbildung bei Warner Music lernte er das Musikbusiness kennen und traf dort auch seinen späteren Geschäftspartner, Axel. Selbstständigkeit war zu diesem Zeitpunkt aber noch kein akutes Thema. Nachdem Thorsten einige Jahre später zu AOL gewechselt war, kam er das erste Mal auch mit Themen wie Online-Marketing und Web-Business in Kontakt. In der Zeit hat er viel gelernt. Er wusste damals aber nicht, dass ihm das noch auf ganz andere Weise zugutekommen würde. Das Wissen, das er sich bei Warner und AOL aneignen konnte, hat er sich später im Zuge seiner Selbstständigkeit zunutze gemacht.

2012 hatten Thorsten und Axel dann die Idee, etwas Eigenes auf die Beine zu stellen. Sie hatten eine Idee und glaubten daran. Sie wussten ihr Wissen und ihr Netzwerk zu nutzen und richtig einzusetzen und starteten das Schagerportal Schlagr.de. Zu diesem Zeitpunkt gab es noch keine nennenswerten Portale dieser Art. Beide hatten bereits aufgrund ihres persönlichen Interesses gute Kontakte in die Branche.

Kurz nach dem Launch veröffentlichten die beiden Pressemitteilungen, die sie an relevante Online-Medien sendeten und hatten Glück. Neben der bekannten Plattform Media wurden sie noch von weiteren größeren Blogs und Magazinen vorgestellt und konnten schlagartig eine recht große Reichweite aufbauen.

Auf die Frage, was rückblickend die wichtigsten Dinge beim Start von Schlagr.de waren, sagt Thorsten, dass es neben vorhandenen Kontakten und Kompetenzen vor allem der Mut war, auf potenzielle Partner zuzugehen. Zudem kam ihnen der Schlagerboom 2012 und 2013 sehr gelegen.

Als besonders wichtig schätzt Thorsten die richtigen Kontakte zu sogenannten Multiplikatoren ein, also Menschen, die eine große Reichweite oder eine Fanbasis haben und somit viele Menschen erreichen können, wenn sie etwas weiterempfehlen. Die Feststellung, wie wichtig diese Multiplikatoren sind, hat er sich später auch für andere Projekte wie seiner neuen Website www.offlime.de (und dem dazugehörigen Film über digitale Nomaden) zunutze gemacht.

Thorsten und sein Schlager-Portal sind ein gutes Beispiel dafür, dass man nicht gleich mit dem ersten Projekt finanziell ausgesorgt haben muss, sondern den ganzen Prozess eines Projekts als Lernkurve begreifen und sich dabei unbedingt trauen sollte zu experimentieren.

Das Portal bezeichnet Thorsten als Beibrot zu weiteren Einnahmequellen, von denen er lebt. Die Einkünfte fließen in die gemeinsame GbR mit Axel und reichen nicht zum Leben. Schlagr.de ist für Thorsten aber viel mehr als eine direkte Einkommensquelle. Es ist ein Beleg für seine Kompetenzen als selbstständiger Berater in Sachen Online-Marketing. Zudem hat er durch den Aufbau dieses Portals eine Menge gelernt. Wissen, das nun seinen Kunden zugutekommt und das er auch in weitere Projekte einfließen lassen wird. Die Seite deckt einen Teil seiner Einkünfte, nimmt aber nur wenige Stunden seiner Zeit pro Woche in Anspruch.

Neben Schlagr.de verdient Thorsten seine Brötchen heute vor allem als Freelancer für eine Online-Agentur sowie als selbstständiger Berater mit eigenen Kunden. Zudem arbeitet er am weiteren Ausbau seiner neuesten Website, auf der es ebenfalls um das ortsunabhängige Arbeiten geht.

Mittlerweile hat Thorsten sich so mehrere Einkommensströme aufgebaut, die er von überall steuern kann. Er kann somit weitestgehend ortsunabhängig arbeiten und selbst entscheiden, von wo aus er der Arbeit nachgeht.

»Sich auf einem Projekt auszuruhen, ist ein großer Fehler«, sagt er. Denn ein Projekt, wie z.B. ein Onlineportal, habe immer eine gewisse Halbwertszeit. Wer also die Zeit nicht nutzt, um weitere Projekte und somit Einkommensquellen aufzutun, der wird irgendwann ein böses Erwachen erleben. Aber warum sollte man sich auch auf einem Projekt ausruhen, solange einem die Arbeit Spaß macht?

Thorstens Beispiel zeigt sehr schön, dass man zum Täter werden muss, sich also trauen muss, etwas zu starten und sich nicht von Ängsten zurückhalten lassen sollte. Ein Projekt zu starten und innerhalb des Prozesses zu lernen und sich weiterzuentwickeln ist völlig normal. Ist Schlagr.de erfolgreich oder nicht? Schwer zu sagen. Es hängt davon ab, was man als Erfolg definiert. Es reicht nicht zum Leben, aber es trägt über Jahre zu Thorstens Einkommen bei und hat zudem noch einen indirekten Anteil an seinen Einnahmen, da es wie eine Visitenkarte fungiert. Ich würde somit sagen, die Seite ist sehr erfolgreich.

Klar gibt es Menschen, die ein Projekt starten, das sich zu ihrer Haupteinnahmequelle entwickelt und langfristig noch viele weitere Menschen ernährt, so wie in dem Beispiel von Christian. Thorsten hingegen ist einen anderen Weg gegangen. Er diversifiziert seine Einnahmen, indem er von mehreren kleinen Projekten und Kundenaufträgen sehr gut lebt. Beides kann zu einem soliden ortsungebundenen Einkommen mit vielen Freiheiten führen. Flexibler, wenn auch mit geringerem Einkommen, ist sicherlich Thorsten, der immer mal wieder neue Dinge ausprobieren kann und völlig ohne Angestellte auskommt.

PATRICK BAUMANN – VOM FREELANCER ZUM UNTERNEHMER

Es gibt auch Unternehmer, die erst als Freelancer starten und dann aus dieser Tätigkeit heraus etwas Größeres entwickeln. Ein Beispiel dafür ist Patrick Baumann, der heute einen Billardshop und eine Billardhalle sein Eigen nennt. Patrick ist seit seinem 27. Lebensjahr selbstständig und feiert demnächst sein Zehnjähriges. In den letzten zehn Jahren hat er bereits so einiges ausprobiert, ist hier und da mal auf die Nase gefallen, hat aber auch einige sehr erfolgreiche Dinge gestartet.

Nachdem er sein Studium in Wirtschaftskommunikation abgeschlossen hatte, arbeitete er zunächst als Angestellter in diversen Agenturen. Die Arbeit war nicht das Problem, er hatte Spaß in den Jobs. Jedoch fühlte er sich aufgrund der Anwesenheitspflicht häufig wie eingesperrt. Ein Gefühl, das sicher viele Menschen kennen, die in ihrer Festanstellung an ihren Schreibtisch gefesselt sind. Auch wenn die Tätigkeit erfüllend ist, so ist der Zwang, diese immer am gleichen Ort in in einem festen Zeitfenster ausführen zu müssen, eine große Einschränkung der eigenen Freiheit. Kurz gesagt: Die Arbeit immer am gleichen Ort erledigen zu müssen stank nach Knast. Patrick wollte da raus.

Aufgrund seiner Unzufriedenheit im Job suchte Patrick nach einer Weile den Rat eines Berufscoaches, der ihm dann zum Schritt in die Selbstständigkeit riet. Ein Gedanke, mit dem sich Patrick noch nicht wirklich intensiv beschäftigt hatte. Die Idee hatte aber eine gewisse Logik. Wer sich schnell eingesperrt und in seinen Möglichkeiten beschränkt fühlt, der ist eben in den meisten Angestelltenjobs nicht gut aufgehoben.

Patrick war sich, wie so viele andere auch, vor diesem großen Schritt nicht so sicher, ob er sich eine Selbstständigkeit wirklich zutrauen würde. Er hatte Muffensausen vor dem Schritt und Angst vorm Scheitern. Nachdem ihm jedoch in seinem letzten Agenturjob gekündigt worden war, entschied er sich, den Schritt zu wagen. Er hatte ja nicht viel zu verlieren. Die Alternative wäre gewesen, wieder Bewerbungen zu schreiben.

Er nutze seine bereits vorhandenen Kenntnisse im Bereich Webdesign und begab sich auf die Suche nach ersten Kunden. Dabei merkte Patrick schnell, dass er wesentlich effizienter arbeiten kann, wenn er nicht für die reine Anwesenheitszeit, sondern vor allem für Resultate bezahlt wird. Dies spornte ihn umso mehr an und nach einigen Monaten konnte er von seinen Aufträgen als Freelancer gut leben.

Der Schritt von »als Freelancer irgendwie überleben« zu »als Unternehmer richtig gutes Geld verdienen« dauerte jedoch noch eine Weile. Sein Mindset war noch nicht soweit. Von zu Hause, in der Schule und auch von der Gesellschaft im Allgemeinen war ihm oft in Bezug auf das Unternehmertum eine negative Konnotation mitgegeben worden: *»Man hört es so oft: Wer andere für sich arbeiten lässt, ist ein Ausbeuter.«* Aber mit der Zeit schaffte er es, diese negativen Assoziationen abzulegen.

Sein Studium der Wirtschaftskommunikation sieht er rückblickend nicht als Zeitverschwendung, sondern auch heute noch als wertvollen Schritt für seinen weiteren Weg in die Selbstständigkeit: *»Ich habe dort gelernt, wie Kommunikation funktioniert. Das hilft mir immer wieder ungemein.«*

Patrick ist nicht das klassische Beispiel eines Freelancers, der bis zur Rente von der Hand in den Mund lebt. Seine Geschichte hört hier noch nicht auf. Nachdem er einige Jahre als Webdesigner tätig war, begann er sich mit

Möglichkeiten zu beschäftigen, seine eigene Arbeitszeit weiter von seinem Einkommen abzukoppeln. Zwar war er als Freelancer nun Herr über seine eigene Zeit, trotzdem verkaufte er letztendlich auch als Freelancer immer noch seine Arbeitszeit an Auftraggeber. Er konnte bestimmen, wann er arbeitet, musste aber ein gewisses Stundensoll liefern. Sein Einkommen war so nicht skalierbar und Patrick beschäftigte sich mit Möglichkeiten, Zeit und Einkommen voneinander zu trennen. Er kam dem Mindset eines Unternehmers langsam näher.

Diese Trennung von Zeit und Einkommen ist eine grundlegende Voraussetzung, wenn man sich langfristig ein gewisses Vermögen erarbeiten möchte. Patrick hatte (und hat auch heute noch) diese Ambitionen. Sein Ziel war und ist nach wie vor, sich noch mehr zeitliche und örtliche Freiheit zu verschaffen und sein finanzielles Polster noch kuscheliger zu machen.

»Ich habe erst in der Selbstständigkeit gemerkt, dass ich es kann – und es mir auch Spaß macht. Ich arbeite besser, wenn es um Resultate geht, Effizienz lohnt sich. Das motiviert«, sagt er.

Als Freelancer konnte Patrick »ungeduscht und unrasiert in Unterhose« arbeiten, was bereits ein großer Luxus ist, wenn man der Typ dafür ist. Aber er wollte noch mehr Freiheit. Reisen. Von überall arbeiten können.

Er beschäftigte sich mit weiteren Möglichkeiten, um »Geld im Internet zu verdienen« und nahm unter anderem an der 30 Tage dauernden »The Challenge« teil, bei der man innerhalb eines Monats mit Hilfe eines Blogs erste Einkünfte generieren sollte. Im Zuge dessen startete Patrick mit dem Bloggen, nutzte es aber nie, um nennenswerte Einkünfte zu erzielen.

Jedoch ergab sich in der selben Zeit eine andere Chance. Patrick, seit seiner Jugend großer Billard-Fan und passionierter Spieler, bekam den Auftrag, für ein Billardgeschäft einen Onlineshop zu erstellen. Aufgrund seiner Online-Erfahrung und seiner Ambitionen, nicht dauerhaft nur als Freelancer tätig zu sein, bot er an, die Seite nicht nur zu erstellen, sondern gleich mit in das Business einzusteigen und den Shop zu vermarkten und aufzubauen. »*Lasst uns das doch zusammen machen!*« schlug er den Eigentümern des Shops vor, die langjährige Freunde von ihm waren. Sie stimmten zu. So wurde Patrick zum Teilhaber des Billard-Onlineshops <u>Billard-Pro</u>, der seither profitabel läuft. Neben dem Onlinemarketing beschäftigte sich Patrick auch mit dem Wareneinkauf und reiste dazu mehrfach nach China. Die drei Freunde betreiben heute nach wie vor erfolgreich ihren Shop und wollen weiter wachsen.

Patrick empfiehlt jedem angehenden Selbstständigen, sich direkt auf Dinge zu konzentrieren, die dazu ausgelegt sind, Verkäufe zu erzielen. »*Bei einem Shop geht es direkt um Verkäufe.*« Auch von einem Blog kann man leben, jedoch muss man hier deutlich stärker in Vorleistung gehen. Zudem gibt's auf einem Blog immer vieles kostenlos. Im E-Commerce fließt idealerweise sofort Geld. Ein gutes Argument für jeden Neustarter, einen Onlineshop ebenfalls ernsthaft in Erwägung zu ziehen.

Der Onlineshop lief also. Aber auch hier hört die Geschichte noch nicht auf. Gemeinsam mit einem seiner Businesspartner hatte Patrick noch einen weiteren Traum: Einen eigenen Billardsalon in Berlin, in dem sich Anfänger und Profis gleichermaßen wohl fühlen würden. Ein Ladenlokal, ganz klassisch!

Als sich die Chance ergab, diesen Traum umzusetzen, entschieden sich die beiden, es einfach zu tun. Im vergangenen Jahr öffnete ihr Billardsalon nahe dem Berliner Hauptbahnhof die Türen: das Bata Bar & Billiards. Patrick erfüllte sich damit zwar seinen Traum, wollte seine Ortsunabhängigkeit aber nicht ganz aufgeben. Um seine Freiheit beibehalten zu können, vereinbarte er mit seinem Geschäftspartner, dass er sich vor allem um den Onlineshop und die Onlinevermarktung des Billardsalons kümmern würde.

Zunächst kam es doch ein wenig anders, seine Ortsunabhängigkeit musste er erst einmal für eine Weile pausieren lassen. Heute sagt Patrick, dass der Schritt zu einem eigenen Salon vielleicht ein wenig zu früh kam. Noch ist dieser finanziell nicht aus der Gefahrenzone. Zudem ist Patricks Anwesenheit viel häufiger erforderlich als ursprünglich geplant. Er ist somit wieder stärker in seiner Freiheit eingeschränkt, als er dies eigentlich wollte. Das muss aber nicht so bleiben. Wenn sich auch dieses neue Business langfristig trägt – und danach sieht es aus – wird er in ein bis zwei Jahren seine Freiheit zurückbekommen und idealerweise eine weitere Quelle für ein skalierbares Einkommen geschaffen haben.

Auch mit einem typischen Ladengeschäft, also einem Coffeeshop, einer Bar oder eben einem Billardsalon kann man sich ein großes Maß an örtlicher und zeitlicher Freiheit erarbeiten. Wichtig dabei ist nur, dass es langfristig so lukrativ ist, dass man zuverlässige Mitarbeiter einstellen kann, die gewisse administrative Aufgaben übernehmen. Dauerhaft kann man dann die eigene Arbeit auf die Weiterentwicklung der Unternehmung beschränken und somit nicht in, sondern an seinem Business arbeiten.

Man muss sich aber nicht auf ein Online-Business beschränken. Es gibt viele Menschen wie Patrick, die sich auch über ein »Offline Business« mehr Freiheit erkämpfen möchten. Auch wenn Patrick noch nicht ganz an diesem Ziel angekommen ist, AN statt IN seinem Billardsalon zu arbeiten (ich bin mir sicher, er wird das noch erreichen), so gibt es unzählige Beispiele von Menschen, die dies bereits erreicht haben. Ein solches Beispiel: Peter vom Bodensee, dessen Blog man passenderweise unter der Domain www.bodenseepeter.de findet. Ich hatte die Ehre, Peter vor einigen Jahren interviewen zu dürfen und lese regelmäßig seinen Blog. Die nächste Studie handelt von ihm.

Bevor wir mit Peter weitermachen, habe ich Patrick aber noch nach seinen wichtigsten Learnings gefragt und was er anderen Selbstständigen raten würde. Diese will ich dir auf keinen Fall vorenthalten, da sein Rat extrem wertvoll ist: »*Fokussiere dich. Fang weniger an, schließ mehr ab. Ein Projekt nach dem anderen.*« Meine Erfahrungen sind sehr ähnlich. Ich kann gar nicht oft genug betonen, wie wichtig dies ist.

Patrick empfiehlt jedem, der kurz vor einer Gründung steht, alles – wenn irgend möglich – mit Bootstrapping aufzubauen (das heißt, möglichst ohne nennenswerte Investitionen zu starten). Außerdem rät er dazu, Mut zu haben und über den eigenen Schatten zu springen: »*Trau dich! Das Worst-Case-Szenario ist meist gar nicht so schlimm und tritt meist eh nicht ein.*«

Ein letzter Rat: »*Achte darauf, auf wessen Meinung du hörst. Jeder da draußen hat eine Meinung, aber nicht jede Meinung ist auch qualifiziert.*«

PETER EICH – VOM REISELEITER ZUM SERIENGRÜNDER

Man muss nicht zwingend ein Online-Business gründen, um sich mehr Freiheit zu erarbeiten. Als Unternehmer kann man sich etwas aufbauen, aber sich langfristig aus dem aktiven Geschäft fast völlig zurückziehen. Patrick ist auf dem Weg dahin, Peter hat es bereits geschafft.

Zwar ist es in der Regel erforderlich, eine längere Zeit an einem Ort zu bleiben, bis das gegründete Unternehmen in sicheren Fahrwassern unterwegs ist (so wie es auch im Fall von Patrick aktuell schwer ist, seine heiß geliebte Freiheit und Ortsunabhängigkeit auszuleben). Aber das Langzeitpotenzial ist sicher noch einmal größer. Wenn das Unternehmen läuft und man sich aus dem operativen Geschäft heraus nehmen konnte, kann man die angestrebten Freiheiten um so mehr ausleben.

»*Ich bin Unternehmer und meine Firmen sind profitabel. Für meinen Lebensunterhalt muss ich nicht arbeiten*«, sagt Peter Eich, der schon diverse Firmen gegründet hat, aber in keiner dieser Firmen aktiv tätig ist.

Peter hat während des Studiums in Kanada auf einer Radreise von der West- zur Ostküste seine Liebe zum Fahrradfahren entdeckt und in der Folge begonnen, als Reiseleiter auf Radreisen zu arbeiten. »*Ich habe für mich damals das Reisen mit dem Rad als Lebensform entdeckt*«, sagt Peter.

Während er also als Rad-Reiseleiter gejobbt hat, stellte er fest, dass es auf professionell organisierten Radreisen noch viel Verbesserungspotenzial gab. Nachdem sich diese Erkenntnis immer tiefer in ihm verankert hatte, beschloss er, die Verbesserung der organisierten Radreisen selbst in die Hand zu nehmen und Konzepte zu entwickeln. Als er es dann tatsächlich tat und Reisen veranstaltete, hatte er nach kurzer Zeit seine erste, schnell wachsende Firma in der Hand. Er gestand sich ein, dass ihm das Organisieren von Dingen viel mehr Spaß bereitet als das Nachdenken über ihre Strukturen und ist im Anschluss konsequent dabei geblieben. Kurz nach Gründung seiner ersten Firma »Inselhüpfen«, bei der es um Radreisen von Insel zu Insel geht, kamen ihm bereits weitere Ideen. Eine Unternehmung, die dem einen oder anderen sicher schon einmal begegnet ist, ist die Seite www.bikemap.net, auf der man eigene Radrouten eintragen und Routenvorschläge anderer einsehen kann.

Peter ist im Herzen ein Nomade und nutzt seine Freiheit gern, um hin und wieder sein Büro ins Café zu verlegen oder um zu verreisen. Meist ist er jedoch geschäftlich unterwegs, wenn er verreist.

»Weil ich Gründer bin und kein Manager, führen andere Leute meine Firmen. Seit ich das begriffen und umgesetzt habe, macht mir mein Beruf mehr Spaß denn je. Schließlich habe ich mir keine Jobs geschaffen, sondern Firmen. Also arbeite ich auch nicht in meinen Firmen, sondern an ihnen.«

Um seinen Lebensunterhalt muss sich Peter nicht mehr sorgen, aber das Gründen von Firmen ist für ihn nach wie vor etwas, das er mit Leidenschaft betreibt. In Peters Fall wurde in der Tat aus einer konkreten Leidenschaft, dem Radfahren, ein Job respektive Unternehmen, mit dem er unzählige Kunden glücklich gemacht hat. Durch die Gründungen selbst fand er seine zweite Leidenschaft nach dem Radfahren: das Gründen. Nachdem er nun diverse Gründungen im Radsport-Bereich hinter sich hat und sich aus allen operativen Vorgängen herausgenommen hat, konnte aus seinem Job wieder sein Hobby werden. Der Seriengründer berät heute zudem Gründer und Startups und unterstützt diese in einigen Fällen als Investor.

Menschen, die sich selbstständig machen wollen, rät Peter vor allem, sich nicht von der Angst vor Fehlern ausbremsen zu lassen. *»Ich habe unfass-*

bar viele Fehler gemacht. Der größte Fehler wäre, sich keine zu erlauben. Wenn ich es auf einen Satz reduzieren soll, dann diesen: Du wirst nicht die gescheiterten Versuche bereuen, sondern nur die unterlassenen.« Wenn dich nichts abhält außer der eigenen Angst vor Fehlern, dann solltest du einfach loslegen!

Ein weiterer Satz, den du laut Peter dabei immer im Kopf behalten solltest: *»It's about people, not places or things.«* Eine Unternehmung, egal welcher Größe, ist im Grunde ein Knäuel menschlicher Beziehungen. Das gilt für einen Freelancer und sein Kundennetzwerk genau so wie für einen Unternehmer, seine Angestellten und die Kunden.

Peters Beispiel zeigt: Man kann auch komplett offline starten und sich etwas aufbauen, das einem langfristig große Freiheit schenkt und Spaß macht. Man muss nicht gleich Seriengründer werden. Wie ambitioniert man dabei ist und wie groß man es werden lässt, liegt an einem selbst. Für manch einen mag Peters Erfolg unerreichbar erscheinen, aber eben dieses Gefühl der Unerreichbarkeit kann einen unnötig limitieren. Die Frage ist vielmehr: Was ist einem wichtig und wo möchte man hin? Für Mars, unser nächstes Beispiel, war vor allem wichtig, seine künstlerische Leidenschaft auszuleben. Er hat alles andere hinten angestellt und ist vermutlich gerade deshalb heute erfolgreich.

MARIUS DORIAN – AUS DER MASSE HERAUSSTECHEN

Künstlerische Leidenschaft kann auch ein Antrieb sein. Besonders Kreative stehen häufig vor dem Problem, dass sie sich in Festanstellungen nicht ausleben können. Die Jobs in vielen kreativen Berufen sind oft unterbezahlt. Zudem muss man sich nahezu immer verbiegen und kann nicht die kreative Arbeit umsetzen, die einem im Kopf herumschwirrt. Man muss Vorgaben erfüllen und dem Chef gerecht werden. Ebenfalls ein Grund, warum es vor allem als Kreativer viel Sinn machen kann, das Glück in der Selbstständigkeit zu suchen. Mars hat es genau so gemacht. Geboren als Einzelkind in Berlin, hat er bereits in früher Jugend seine Leidenschaft fürs Zeichnen entdeckt. Die Schulzeit war für ihn, wie er auf seiner Website verrät, nicht die beste Zeit. Er hat sich vielmehr irgendwie hindurch gequält, das Zeichnen war dabei immer sein Ventil. Nachdem er die Schulzeit hinter sich gebracht hatte, entschied er, für eine Weile die Welt zu entdecken, reiste viel und lebte einige Zeit in den USA, Mexiko, Japan und Australien.

Nachdem er einige Jahre später nach Hause zurückgekehrt war, musste er sich entscheiden, sich entweder einen Job zu suchen oder sich den Job selbst »zu bauen«, also sich selbstständig zu machen. Er entschied sich für die zweite Option und startete im Jahr 2010 mit seinem eigenen Online-Business. Sein erster Schritt war eine Website, die neben einem eigenen Blog auch seine illustrativen Arbeiten zeigte. Sein Ziel war es, neben der Selbstverwirklichung durch seine eigenen kreativen Arbeiten auch anderen Menschen zu helfen, den Schritt in ein selbstbestimmteres Leben und Arbeiten zu schaffen. Das erste Geld kam herein, indem Mars seine Arbeit als Illustrator diversen erfolgreichen Online-Marketern und Self Publishing-Autoren anbot. Einem seiner Lieblingsautoren erstellte er ein Cover für ein geplantes Buch, ohne dass dieser danach gefragt hatte. Der Autor war begeistert vom Cover, stellte jedoch die Arbeit an dem entsprechenden Buch nie fertig und entschied sich letztlich gegen eine Veröffentlichung. Trotzdem zeigte Mars die Arbeit als Referenz auf seiner Website. Nach einer Weile sah das dort ein anderer Autor und schrieb Mars daraufhin an. Aus diesem Kontakt resultierte dann sein erster bezahlter Auftrag als Buchcover-Illustrator, dem noch viele weitere Aufträge folgen sollten.

Neben der Arbeit als Freelance-Illustrator erstellte Mars nach einer Weile auch ein eigenes Produkt: ein E-Book, das anderen Freelancern dabei hilft, sich über ihren ganz eigenen Stil online besser zu vermarkten und aus der Masse herauszuragen. Also genau das, was er selbst inzwischen geschafft hatte. Er gab (und gibt heute noch) darin sein Wissen weiter.

Die Illustrationen von Mars erregen Aufmerksamkeit. Er hat seinen ganz eigenen Stil und weiß ganz offensichtlich, wie man sich erfolgreich selbst vermarktet. Kein Wunder also, dass mittlerweile viele renommierte

Podcaster, Self Publisher und Blogger zu seinen Kunden zählen. Er erstellt nach wie vor Buchcover, Logos und alles, was man mit einem Online-Business an grafischen Selbstvermarktungs-Tools so benötigt.

Hin und wieder kommen Kunden auf Mars zu und bitten ihn, von seinem Darstellungsstil abzuweichen. Meist lehnt Mars diese Aufträge ganz bewusst ab: »*Die Kunden heuern mich wegen meines ganz eigenen Stils an.*« Wenn er ihn zu sehr ändern würde, wäre dies nachteilig für sein Eigenmarketing. In seinen Stil lässt er sich also immer seltener reinfunken.

Aber Freelancing bleibt Freelancing. Somit hat Mars auch das Problem, dass er in erster Linie seine Zeit an die Kunden verkauft – und Zeit ist nicht skalierbar, erst recht nicht, wenn es um einen ganz eigenen Stil geht. Daher ist Mars mittlerweile selbst unter die Autoren gegangen. Seine langjährige Bloggererfahrung war hier sicher hilfreich. Er schreibt nun eigene Romane und bewegt sich dabei ausschließlich in seinem Lieblingsgenre Science Fiction – neben Romantik und Liebesgeschichten eine der beliebtesten fiktionalen Buchkategorien. Zudem sagt Mars, dass es für ihn nichts Spannenderes gibt, als sich die Zukunft auszumalen.

Ein Buch kann – einmal geschrieben – unendlich oft verkauft werden, ohne dass man nach der Veröffentlichung auch nur eine weitere Sekunde an Arbeit investiert. Es gibt nicht viel, was so skalierbar ist. Es bleibt jedoch, vor allem beim Self Publishing, die Vermarktung des Buches, die einem niemand abnehmen kann. Die Strategien zur Vermarktung von fiktionalen und non-fiktionalen Texten unterscheiden sich dabei gewaltig voneinander.

»*Dein erstes Buch ist ein bisschen wie Lottospielen*«, sagt Mars, und plant, in die intensive Vermarktung seiner Bücher erst einzusteigen, wenn er bereits mehrere Werke auf Amazon veröffentlicht hat. Die Strategie macht Sinn: Jedes zusätzliche Buch erhöht die Chance, auf Amazon gefunden zu werden. Wenn ein Leser von einem Buch begeistert ist, wird er sicher auch ein weiteres Buch vom selben Autor bestellen. Dies geht nur, wenn es bereits mehrere Bücher vom entsprechenden Autor gibt. Erst wenn vier oder fünf Bücher von ihm veröffentlicht wurden und sich Erfolg noch nicht von allein eingestellt hat (was beim Self Publishing durchaus passieren kann), wird Mars also aktiv in die Vermarktung einsteigen.

Wer Sachbücher schreibt, sollte diese Strategie nicht unbedingt übernehmen. Aber im Bereich Fiktion macht das absolut Sinn, wenn man langfristige Ambitionen und bereits mehrere Bücher in der Planung hat.

Mars erstellt natürlich die Cover für seine Bücher selbst und hat so eines der wichtigsten Marketingtools für Bücher in der Hand. Denn das Cover ist immer das erste, was man sieht, wenn man sich Bücher anschaut und überlegt, ob man sie kaufen soll.

Nach einem Tipp für zukünftige Freelancer oder Self Publisher gefragt, sagt Mars: »*Mein Lebensmotto ist: When you're not trying to fit in, you're free to stand out.*« Daran orientiert sich auch seine gesamte Marketingstrategie – und die ist sehr erfolgreich!

SEBASTIAN PRESTELE – VOM TAUCHLEHRER ZUM BLOGGER

Ein ortsunabhängiges Business hat grundsätzlich erst einmal nichts mit Reisen zu tun. Es gibt viele Beweggründe, aber das Reisen ist nur ein möglicher Aspekt. Denn man kann die Ortsunabhängigkeit auf vielerlei Wegen nutzen. Zum Beispiel so wie Sebastian Prestele, der sich mit einem Onlinebusiness ein gutes und stabiles Einkommen aufgebaut hat, von dem er seine Familie mittlerweile sehr gut ernähren kann. Dabei spielt trotz »Lifestyle Business« das Reisen bei ihm keine Rolle. »*Wir fahren mit der Familie auch ab und zu mal in den Urlaub. Aber dann arbeite ich in der Regel nicht, oder nur das Allernötigste.*«

Sebastian lebt mit Frau und Kind in einem Einfamilienhaus auf der thailändischen Insel Phuket. Sein ortsunabhängiger Job böte rein theoretisch die Möglichkeit, als digitaler Weltnomade umherzuziehen. Aber er ist Familienmensch und nutzt seine Freiheit daher ganz anders. Statt als digitaler Nomade sieht er sich lieber als »digitaler Dad« und nimmt sich zum Beispiel hin und wieder nachmittags seinen Laptop mit ins Bälleparadies, während sein Sohn dort herumtobt. Er möchte einfach möglichst viel Zeit mit seiner Familie verbringen können und zugleich seinen Lebensmittelpunkt auf Phuket behalten. Heute zum Glück kein Problem mehr für ihn.

Sebastian hat bis zur 10. Klasse das Gymnasium besucht und stand mit der Institution Schule von Beginn an auf Kriegsfuß. »*Ich habe keinen Sinn in der Sache gesehen, es gab keinen Bezug zum normalen Leben.*« Für ihn bedeutete dies, dass er ohne einen erkennbaren Sinn auch keine Motivation hatte, sich stärker zu bemühen. Er ging daher bereits nach der 10. Klasse vom Gymnasium ab und begann eine Schreinerlehre. Etwas Handfestes. Ein Handwerk. So wie es eben jungen Leuten geraten wird, wenn sie sich weigern, unnützes Wissen für den Hochschulzugang zu studieren. Aber Sebastian stellte fest, dass reine handwerkliche Arbeit ihm (trotz des starken Praxisbezugs) nicht wirklich lag. Das Problem war nicht, dass er keine Lernbereitschaft hatte. Er wollte aber selbst entscheiden, was er lernt und es musste seinen Interessen entsprechen. Sein Weg führte ihn dann noch kurzfristig in ein Krankenhaus, wo er für eine Weile ein Praktikum absolvierte. Er hätte dort eine langfristige Anstellung finden können. Aber auch dies war für ihn nur eine Zwischenstation.

Eigentlich wusste er zu dieser Zeit bereits, was er wirklich wollte. Und das war einfach nur weg, ins Ausland, etwas erleben. Es hat ihn immer schon ins Ausland gezogen, solange er denken kann. Dieser Traum erschien anfänglich aber unrealistisch. Er begann also irgendwann, auf dieses Ziel hinzuarbeiten und ein wenig Geld zur Seite zu legen und entschied sich letztlich zu dem Schritt, seinem Traum zu folgen.

2004 begann Sebastian in einer Tauchschule auf Phuket eine einjährige Ausbildung und blieb der Schule noch einige Jahre treu. 2007 wechselte er ins dazugehörige Hotel, arbeitete dort im Verkaufsbüro und war noch zeitweise als Tauchlehrer tätig. Im Grunde, so sagt Sebastian, hatte er sich damals seinen ersten Traum bereits erfüllt. Er war am Ziel angekommen.

Es dauerte aber nicht lange, bis sich ein neues Ziel auftat. In seiner Zeit als Tauchlehrer lernte er eine Menge interessanter Leute kennen. Manche dieser Leute erzählten ihm auf den mehrtägigen Tauchgängen von ihren beruflichen Projekten. Besonders fasziniert war er, wenn er Leute traf, die in irgendeiner Form ihr »eigenes Ding« machten, sich selbst verwirklichten und zugleich davon leben konnten. Dies führte bei ihm zu dem Wunsch, irgendwann auch »etwas Eigenes« auf die Beine zu stellen. Er war Mitte 20 und hatte einen neuen Traum, der immer größer wurde: mehr Selbstverwirklichung. Es gab aber noch keinen konkreten Plan.

Ein für ihn prägendes Erlebnis war eine Party, die sein damaliger Chef zur Einweihung seines neuen Hauses veranstaltete. Das Haus war so gigantisch, dass er begeistert und geschockt zugleich war. Zuerst ärgerte sich Sebastian darüber, wie sein Chef sich ein so tolles Haus leisten könne, während er sich für ihn abrackert und in einer kleinen Strandhütte wohnt. Schnell wurde ihm aber klar, dass sein Chef nicht nur das Risiko trug, sondern auch die gesamten Verkaufsstrukturen aufgebaut hatte. »*Damals habe ich erkannt, wie wichtig es ist, ein Ziel zu haben und dranzubleiben. Irgendwie hat sich in diesem Moment der Hebel umgelegt.*« Sein Denken wandelte sich. Er erkannte, dass er sein Glück stärker selbst in die Hand nehmen musste, um seinem neuen Ziel näher zu kommen.

Noch während seiner Zeit im Hotel bekam er die Aufgabe, sich um das Projektmanagement rund um die Erstellung der neuen Website zu kümmern. Dies führte zu seinem ersten engeren Kontakt mit dem Internet und seinen Möglichkeiten. Sebastian begann, Blogs zu lesen und sich mit dem Thema auseinanderzusetzen. Zugleich verliebte er sich nicht nur immer mehr in die Insel, sondern auch in eine Frau. Einige Jahre später wurde sie seine Frau. Familienplanung begann in dieser Zeit eine Rolle zu spielen.

Sebastian probierte viel aus: »*Ich startete mit einem Blog übers Auswandern, mit dem ich auch meine ersten paar hundert Euro verdient habe.*« Neben dem Auswandern-Blog probierte er sich im Online-Verkauf von Bambusmöbeln und startete 2011 eine weitere Webseite mit dem Titel »Traumreich werden«. Alle Projekte brachten kleine Einnahmen. Aber keines reichte, um davon gut leben oder einer Familie Sicherheit geben zu können. 2011 entschieden Sebastian und seine Frau, gemeinsam mit ihrem Sohn nach Deutschland zu gehen – unter anderem, da Sebastian seinem Vater bei einer Unternehmung unterstützen wollte. In einem gewissen Maß starb damit sein eigener Traum vom Leben auf Phuket für eine kurze Zeit und er beendete die Arbeit an all seinen Webprojekten. Nach einem halben Jahr merkte die Familie aber, dass sie sich in Deutschland nicht wohl fühlte. Der Wunsch, wieder nach Phuket zu gehen, war enorm groß. Es brannte in Sebastian. Er wollte dies unbedingt möglich machen. In dieser Zeit entwickelte er die Idee, einen Blog zu starten, der sich einzig und allein mit der Insel Phuket beschäftigt und Reisenden Tipps für die Insel an die Hand gibt. Ein Projekt, für das er nicht nur viel Motivation aufbringen konnte, sondern das echtes Potenzial bot, da es zu diesem Thema im Netz wenig gute Informationen gab.

Einen konkreten Plan, wie er mit seiner Seite langfristig die Familie ernähren wollte, hatte Sebastian anfänglich noch nicht. Aber es gab zahlreiche Ideen. Zudem hatte er in der Anfangsphase noch einen Nebenjob als Vertriebler in Asien, der ebenfalls Geld einbrachte.

Seine Website www.phuketastic.com erfreute sich aber schnell wachsender Leserzahlen. Die ersten Anfragen von Lesern kamen herein, die Sebastian um Unterstützung baten, Taxifahrten und Rundtouren zu organisieren. Die Anfragen wurden immer mehr. Dies war der erste Schritt, mit der Website tatsächlich Geld zu machen. Erstmals kamen mit einem Blog nicht nur ein paar hundert Euro herein. Er hatte einen Weg gefunden, seine neue Seite erfolgreich zu monetarisieren. Beflügelt von dem Erfolg, entwickelte er weitere Ideen, schrieb einen Reiseführer, verkaufte diesen über die Website und vermittelte und organisierte sogar Hochzeiten auf der Insel. Er hat diverse Wege gefunden, das Publikum seiner Seite in Kunden zu verwandeln. Seit Neuestem bietet Sebastian nun einen Thailändisch-Sprachkurs auf seiner Seite an, da viele seiner Leser Auswanderer sind.

Sebastian hat vieles probiert und bei einigen seiner ersten Projekte hat ihm die nötige Motivation gefehlt. Umsonst war aber keines dieser Projekte.

Er hat durch das Ausprobieren immer wieder etwas Neues gelernt, was letztlich dazu geführt hat, dass er irgendwann all die nötigen Fähigkeiten beisammen hatte, um sein Leidenschaftsprojekt Phuketastic erfolgreich zu machen. Dadurch konnte er diverse Ideen realisieren, die wie Satelliten um seinen Blog kreisen und dafür sorgen, dass er davon leben kann. Sebastians Blog ist somit das Akquise-Tool, das dafür sorgt, dass Menschen seine Angebote finden. Egal ob Thaikurs, Hochzeit auf Phuket oder Reiseführer. All dies bewirbt er über die Website.

Selbst spricht er heute übrigens fließend Thai, obwohl er bereits zu Beginn seiner Zeit auf Phuket öfter gehört hatte, dass es quasi unmöglich sei, die Sprache zu lernen. »*Ich finde es unmöglich, wenn Menschen etwas unmöglich finden.*« Diese Grundeinstellung hat ohne Zweifel dazu geführt, dass Sebastian nach seinem ersten gescheiterten Blogversuch nicht aufgegeben hat. Er hat es ein zweites Mal versucht. Er hat es ein drittes Mal versucht. Und irgendwann hatte er den Bogen raus. Dabei immer das Ziel vor Augen, mit seiner Familie auf Phuket leben zu können und viel Zeit für seinen Sohn zu haben. Durchhaltevermögen, die richtige Motivation und stetiges Lernen. Seine drei Erfolgsfaktoren.

DARIUSH KASHANI – DEIN WISSEN KANN DIR KEINER NEHMEN

Eine weitere spannende Lebensgeschichte mit vielen Aufs und Abs handelt von Dariush Kashani. Bereits sehr früh hat er für sich erkannt, dass wahre Freiheit und Selbstverwirklichung nur auf eigenen Beinen stehend zu erreichen ist. Sein Lebensweg ist geprägt von einem starken Antrieb, etwas zu bewegen, sowie von ständigen Anpassungen an neue Umstände. Er hat einige Talfahrten überwunden und ist immer wieder aufgestanden. Wie er das gemeistert hat, erfährst du im Folgenden.

Dariush, der in Düsseldorf aufgewachsen ist und dessen Eltern aus dem Iran stammen, begann 1997 eine IT-Ausbildung. Eine Zeit, in der das Internet erst ganz langsam in Bewegung kam. Google, Facebook & Co waren noch lange nicht existent. Die meisten Menschen ahnten noch nichts von der sich langsam anschleichenden, digitalen Revolution. Dariush hatte aber bereits früh ein Gefühl dafür, was diese Neuerungen mit sich bringen würden und wollte sich diese zu Nutze machen. Daher entschied er sich bewusst für eine Ausbildung in der IT-Branche.

Nach seiner Ausbildung machte er erste Erfahrungen im Verkauf und jobbte unter anderem in der Computerabteilung bei Mediamarkt. Eine wichtige Erfahrung, die sich später noch als extrem wertvoll herausstellen sollte. Er lernte, dass authentisches Interesse am Kunden und dessen Problemen eine mächtige Verkaufswaffe ist.

Nach einiger Zeit stellte er fest, dass der Verkauf ihm nicht genügte. Zwar war er erfolgreich in dem, was er tat, aber er wollte selbst etwas auf die Beine stellen. Er ging in die benachbarten Niederlande, um dort einige Jahre in Groningen und Enschede Internationale Betriebswirtschaft zu studieren.

Rückblickend eine sehr gute Entscheidung. Seine damaligen Professoren waren sehr stark in der Praxis verankert und ermutigten ihn, seine Geschäftsideen tatsächlich umzusetzen. Diese Unterstützung führte dazu, dass Dariush im Jahr 2003, ohne seinen Abschluss in der Tasche zu haben, die Koffer packte und nach Dubai ging. Er hatte eine Geschäftsidee, die er dort umsetzen wollte. Seine Professoren ermutigten ihn immer wieder dazu, bis er es tatsächlich tat. Ohne den Druck der Professoren hätte er das damals nicht gemacht, sagt er heute. »*Bei meiner Idee ging es um die Finanzierung von Projekten mit Hilfe von Akkreditiven* über Dubai in den Iran. Ich beriet Unternehmen und zeigte ihnen neue Möglichkeiten, ihre Projekte zu finanzieren.*« Ein Geschäft, das er schnell und höchst erfolgreich auf die Beine stellte und das ihm zudem in kurzer Zeit viele Kontakte zu erfolgreichen Geschäftsleuten und zu hohen Amtspersonen bescherte.

(*Ein Akkreditiv ist die vertragliche Verpflichtung einer Bank, im Auftrag eines Kunden gegen Übergabe bestimmter Dokumente und bei Erfüllung bestimmter Bedingungen innerhalb einer festgelegten Zeitspanne eine bestimmte Geldzahlung an den genannten Begünstigten zu leisten.)

Dariush war in dieser Zeit viel unterwegs und arbeitete schon damals immer an den ungewöhnlichsten Orten. Er wurde zu einem ortsunabhängigen Entrepreneur, einem digitalen Nomaden, ohne dass dieser Begriff zu diesem Zeitpunkt schon seinen Weg gekreuzt hätte. Erst ein wenig später, im Jahre 2006, kam das Buch *4 Hour Workweek* von Tim Ferris auf den Markt. Der Startschuss für einen unvergleichbaren Trend hin zu mehr selbstbestimmtem und ortsunabhängigem Arbeiten. Dariush war von Anfang an mit dabei und verfolgte genau, was sich in diesem Bereich tat. Als 2009 die ersten Blogs dazu in den USA populär wurden, beobachtete er den Trend. Genauso wie 2012, als die ersten Blogs dazu in Deutschland starteten (u.a. Earthcity) und das Thema an Fahrt aufnahm.

Dariushs Weg war über all die Jahre geprägt von Berg- und Talfahrten. Ausgelöst durch die Weltwirtschaftskrise Ende 2008 verlor er fast alles. Nach einer Auszeit, in der er sich neu ausrichtete, fing er im Jahre 2009 noch einmal von vorne an.

Wie hat er das immer wieder geschafft? Ist er ein Stehaufmännchen? Hat er einfach nur Glück? Wohl kaum! Wer schon jahrelang auf eigenen Beinen gestanden und sich ein Netzwerk aufgebaut hat – und vor allem auch gelernt hat, eigene Ideen zu entwickeln und sie erfolgreich zu verkaufen – der schafft es auch, sich an den eigenen Haaren wieder aus dem Sumpf zu ziehen. Dariush wusste genau, dass man ihm das Wertvollste gar nicht nehmen konnte: seine Erfahrung. Er konzentrierte sich auf das, was ihm neben seiner Erfahrung noch geblieben war: sein Verkaufstalent und seine Kontakte. Er startete als Personalberater und Headhunter noch einmal voll durch. Die Leidenschaft, die richtigen Leute für seine eigenen Projekte zu finden, hatte bereits in der Startphase seines Unternehmertums angefangen. Diese machte er zu seiner Lebensberufung. Es dauerte kein Jahr und Dariush stand wieder auf sicheren Beinen.

Entscheidend dafür, dass er so schnell wieder erfolgreich werden konnte, war neben seinen Kontakten und seinem Verkaufstalent vor allem die Tatsache, dass er grundsätzlich keine Angst vor Zurückweisung hat. Hinzu kommt sein Durchhaltevermögen, mit dem er jede Trockenphase überbrücken kann. Ein Vorbild für ihn ist Aristoteles Onassis, der seinen großen Erfolg der Tatsache zuschreibt, dass er sich nie in Details verloren hat, sondern den Fokus stets auf das große Ziel gerichtet hat. *»Wenn er selbst etwas nicht konnte, dann hat er sich die richtigen Leute gesucht, die ihm helfen konnten. So habe ich es auch gemacht.«*

Dariush liebt auch heute noch seine örtliche Freiheit und verlegt seinen Lebensmittelpunkt immer wieder an einen anderen Ort. Er hat sich über die Jahre Refugien an verschiedenen Orten aufgebaut, unter anderem in Düsseldorf, Teheran, Zürich und Bratislava, wo er gerne auch eine längere Zeit aktiv ist. Aktuell sucht er eine Bleibe in Berlin. Statt sich eine Villa im Grünen zu kaufen und dort sinnloses Zeug anzusammeln, hat Dariush sich seinen kleinen Traum von Ortsunabhängigkeit erfüllt – und ist ein bisschen in jeder Stadt zu Hause, die ihm am Herzen liegt.

Eine persische Geschichte besagt: Was du bei einem Schiffbruch nicht verlieren kannst, das ist wahrer Besitz. Dariush ist das beste Beispiel dafür. Neben dem Ratschlag, immer in seine eigenen Fähigkeiten zu investieren, hat Dariush noch den folgenden Tipp: *»Setz dir ein schönes, großes Ziel und fokussiere dich darauf. Kleine Rückschläge sind dann okay und überwindbar, weil du dich auf dieses Ziel konzentrieren kannst.«*

Zudem rät er dazu, dass man nicht zu naiv in die Selbstständigkeit hineingehen soll – egal, welche Ambitionen man hat. *»Es ist nicht damit getan, einfach einen Blog zu schreiben und der Rest kommt einem zugeflogen.«*

Dariushs Beispiel zeigt: Verkaufen zu können ist eine Schlüsselfähigkeit, die sich jeder aneignen sollte. Hat man diese, braucht man vor allem Mut und Risikobereitschaft.

Sein Credo ist: *»Habe den Mut, dem Ruf deines Herzens zu folgen. Finde deine Leidenschaft und vertraue deiner Intuition. Mit deiner Leidenschaft und Intuition gepaart mit der stärksten Waffe der Welt, nämlich Zeit und Geduld, wirst du unweigerlich deine Ziele umsetzen.«*

KATJA ANDES – EIN BÜRO IN DER SONNE

Es gibt viele Beispiele von Menschen, die erst einmal den »normalen« Weg einschlagen, studieren und eine Karriere in einem Unternehmen anpeilen, dann aber kurz nach dem Studium beschließen, lieber auf eigenen Beinen zu stehen. Auch Katja Andes hat erst einmal einen klassischen Werdegang begonnen und sich dann später dazu entschieden, die Richtung noch einmal anzupassen. Eine Geschichte, die sicher für viele inspirierend ist, die kurz nach dem Studium merken, dass der klassische Berufsweg nicht ihren Vorstellungen entspricht.

Nach ihrem Abitur entschied sich Katja – wie die meisten – für ein Studium. BWL sollte es sein. Da sie Ambitionen hatte und ihr auch der Praxisbezug sehr wichtig war, wählte sich nicht einen gewöhnlichen Studiengang, sondern ein duales Studium in Kooperation mit Siemens. Das bedeutet neben der Uni gleich von Anfang an Konzernerfahrung und Büroarbeit. Beides lief parallel. Nach dem Studium stieg sie erst einmal voll in den Job bei Siemens ein und arbeitete in einer internen Beratung. Zwei Jahre dauerte es, bis sie endgültig merkte, dass die Welt der Konzerne ihr nicht die Freiheiten gab, die sie sich wünschte. Der Konzern war einverstanden, dass sie auf Teilzeit reduzierte und ein weiteres Studium begann. Eigentliches Ziel war ein Master in Management. Doch während des Studiums kam sie das erste Mal mit Entrepreneurship und Selbstständigkeit in Berührung und wurde von dem Gedanken angefixt. Sie arbeitete weiterhin in Teilzeit als Beraterin für Siemens, aber stieg dort nicht wieder in Vollzeit ein.

Katja ging die Überlegung, ob sie den klassischen Karriereweg oder die Selbstständigkeit weiterverfolgen soll, sehr strukturiert an. Sie nahm sich Zeit, die Vor- und Nachteile auf Papier zu bringen. Die Fragen, die sie sich stellte, waren: Wie viel muss ich auf die Seite legen, damit ich mich sicher fühle, meinen Job aufzugeben? Wie groß muss mein Polster sein? Was ist meine Langzeitperspektive? Außerdem entwickelte sie ein Worst-Case-Szenario. Sie überlegte sich genau, was im schlimmsten Fall passieren würde, wenn ihre Selbstständigkeit kein Geld einbringt. Dieser Punkt ist extrem wichtig für Menschen, die auf Nummer sicher gehen wollen und sich von Risiken leicht abschrecken lassen. »*Ich fragte mich: Was ist das Schlimmste, das passieren kann, wenn ich scheitere?*« Katja stellte fest, dass dieses Szenario gar nicht so schrecklich war, wie sie dachte. Erst nach dieser Erkenntnis entschied sie sich, dem Impuls hin zur Selbstständigkeit zu folgen.

2011 gründete sie gemeinsam mit Studienfreunden das Ideacamp – eine Plattform mit Workshops, Veranstaltungen und Kursen, die Gründer dabei unterstützt, ohne Investitionen (im Lean-Verfahren) eine Idee umzusetzen und sich damit selbstständig zu machen. Parallel arbeitete sie als Freelancer.

Eine tolle Ausgangslage, die sicherlich für viele andere eine gute Option ist, etwas Eigenes zu starten: Eine Freelancer-Tätigkeit in Teilzeit, um die Miete zu bezahlen, und in der restlichen Zeit eigene Projekte voranbringen. Als sichere Option ideal.

Anfang 2013 setzte Katja eine neue Geschäftsidee um, die ihr langfristig den Ausstieg aus der Freelancer-Tätigkeit verschaffen sollte. Diesmal startete sie allein: Ihre Idee war es, ortsunabhängige Selbstständige zum gemeinsamen Arbeiten und zum gegenseitigen Austausch zusammenzubringen. Nicht irgendwo in einem deutschen Büro, sondern da, wo es schön ist. Irgendwo im Süden in einer gemeinsam bewohnten Villa.

Die Idee war geboren. Anstatt sich zu lange mit Wenn und Aber zu beschäftigten, startete Katja einfach, ortsunabhängig arbeitende Menschen in ihrem Umfeld zu fragen und für ihre Idee zu gewinnen. Das Interesse war da. Sie mietete eine Villa in Spanien und das erste *Sunny Office* war geboren, ohne dass es eine besonders schicke Website oder einen perfektionierten Verkaufsprozess gab. Die geringen Investitionen, die nötig waren, waren risikofrei, da sich bereits ausreichend interessierte Teilnehmer angemeldet hatten. Katja startete »lean«, hatte also nahezu keine Investitionen. Zumindest keine, die nicht bereits durch angemeldete Teilnehmer abgesichert waren. Nach dem ersten erfolgreichen Test begann sie, die Website zu verbessern und aktiv Werbung für ihr Angebot zu machen.

Heute veranstaltet Katja mehrere Sunny-Office-Retreats im Jahr und die Zahl steigt weiter. Zusätzlich arbeitet sie immer noch im Idea Camp und unterstützt junge Gründer nicht nur beim Start ihres Businesses, sondern auch bei der Vernetzung mit Gleichgesinnten. Es läuft gut für sie und den Schritt in die Selbstständigkeit hat sie nie ernsthaft bereut.

Katjas Beispiel zeigt, dass man auch sehr strukturiert und mit einer gewissen Sicherheit den Weg in die Selbstständigkeit beschreiten kann. Für manch einen mag es besser sein, sich ins kalte Wasser zu schubsen. Manch anderer fährt besser damit, wenn er oder sie sich einen langsamen Übergang ermöglicht, ein Sicherheitspolster aufbaut und die Vor- und Nachteile vorsichtig abwägt.

Wenn man Katja heute fragt, was am Anfang entscheidend ist, dann sagt sie: »*Das Wichtigste ist anzufangen!*« Man muss damit beginnen, etwas umzusetzen, und sich vor allem auch frühzeitig mit anderen Menschen austauschen. Außerdem muss man an sich glauben und dran bleiben. »*Denn Hartnäckigkeit zahlt sich aus.*«

MARC HERBRECHTER – HERR ÜBER DIE EIGENE ZEIT

Es gibt Menschen, die ohne Probleme einen wirklich gut bezahlten Job als Festangestellter bekommen könnten, ihn aber überhaupt nicht wollen. Einige erhalten sogar regelmäßig Jobangebote, ohne in Bewerbungen zu investieren. Durch Headhunter zum Beispiel. Eigentlich eine komfortable Situation. Verweigerer solcher Angebote entscheiden sich bewusst für mehr Selbstbestimmtheit. Einer von ihnen ist Marc Herbrechter.

Marc hat in jungen Jahren seine IT-Ausbildung abgeschlossen und gleich im Anschluss sein Abitur nachgeholt. Nach dem Abi hat er, wie die meisten, ein Studium im IT-Bereich begonnen. Und wie man das eben so macht nach der Uni, suchte sich Marc zuerst einen Job als Festangestellter bei einem großen Unternehmen im Bereich E-Commerce (also einem bekannten Onlineshop). Der Job machte ihm Spaß, er bekam gutes Geld.

Aber irgendwas war nicht so richtig in Ordnung. Er fühlte sich nicht frei. Es gab immer wieder Momente, in denen er dachte: *»Das kann ich nicht für immer so machen.«* Spätestens beim Ausfüllen von Urlaubsanträgen merkte er, dass er für dieses ganze »Corporate-Zeugs« nicht wirklich gemacht war. Zwar war er in leitender Position und musste seine Urlaubsanträge im Grunde von niemandem absegnen lassen, aber allein die Formalie stieß ihm übel auf. Große Unternehmen sind vollgestopft mit Formalitäten und teils eingerosteten Prozessen. 2012 reichte er mit einem Grinsen sein Kündigungsschreiben ein und schrieb darin: *»Hey Jungs, es war eine geile Zeit! Aber ich muss jetzt weg.«* Die Entscheidung hat er nie bereut. Der Job war gut, er mochte die Arbeit. Aber das, was vor ihm lag, war besser.

Headhunter kommen heute nach wie vor regelmäßig auf ihn zu und bieten ihm gut bezahlte Angestellten-Jobs an, die manch einer mit Kusshand nehmen würde. Doch das schicke Haus und das teure Auto locken ihn nicht. Er könnte mit seinem Fachwissen Topverdiener sein, wenn er in ein entsprechendes Unternehmen gehen würde, aber er mag einfach nicht: Seine Freiheit ist ihm wichtiger.

Marc arbeitet seither als freiberuflicher Unternehmensberater. *»Ich berate IT Unternehmen – hauptsächlich im Bereich E-Commerce – und nehme dabei meist eine Interims-Managementrolle ein. Das heißt, ich begleite ein Projekt auf eine bestimmte Zeit und scheide dann aus.«* Das schenkt ihm zwar keine völlige Ortsunabhängigkeit, aber trotzdem ein großes Maß an Freiheit. Es bleibt immer viel Zeit fürs Reisen. Manchmal bringt ihn seine Interimstätigkeit auch an schöne Orte, wie zuletzt nach Südafrika.

Marc arbeitet so viel, wie er muss, um seinen Lebensunterhalt bestreiten zu können. Hin und wieder ein bisschen mehr, um auch mal was zurücklegen oder eine teure Anschaffung machen zu können. Aber er arbeitet eben nicht, um Geld zu bunkern. Er möchte Freizeit haben, reisen können, leben. Marc ist ein gutes Beispiel dafür, dass man es mit der Ortsunabhängigkeit nicht immer ganz so ernst nehmen muss. Wer viel Freizeit hat, der kann auch hin und wieder akzeptieren, irgendwo einige Monate vor Ort bleiben zu müssen. Es gibt immer Phasen, in denen man wieder völlig frei bestimmen kann, wo es langgeht. Marc plant nach dem Ende seines aktuellen Interims-Beraterjobs einen längeren Aufenthalt in Island. Er will dort einen Tauchlehrerschein machen. Einige Kunden kann er ortsunabhängig von dort aus betreuen, andere müssen eben warten.

Auf die Frage, ob er ab und zu mit Ängsten kämpft, sagt Marc: »*Ich habe große Angst davor, mit 40 oder 50 dazustehen und nicht ausreichend Rücklagen zu haben. Es macht mir ein wenig Angst, dass alle meine Freunde gerade Häuser gekauft haben und Autos fahren, die ich nicht mal als Leihwagen mieten kann. Ich verdiene einen Bruchteil dessen, was die meisten meiner Freunde heute verdienen – mit dem Wissen, dass ich zu den Topverdienern gehören könnte, wenn ich einfach eines der Jobangebote annähme, die ich ab und zu bekomme.*« Trotz dieser Angst ist sein Freiheitsdrang stärker. Marc hat dabei sein Einkommen immer im Blick und gibt nie mehr aus, als er einnimmt. Wer nur das Nötigste arbeiten und sich bewusst viel Freizeit gönnen möchte, der muss sehr gut darin sein, den Überblick über Einnahmen und Ausgaben zu behalten. Marc betrachtet sein Einkommen dabei in mehreren Dimensionen:

WAS BRAUCHE ICH?

Marc hat genau ausgerechnet, welches Einkommen er erzielen muss, um seine Ausgaben zu decken. Hat er sein Ziel erreicht, muss er theoretisch nicht mehr arbeiten.

WAS KÖNNTE ICH VERDIENEN?

Sobald er sein Mindesteinkommen erzielt hat, schaut Marc sich an, wie viel Zeit er hierfür in die Arbeit investieren musste. Daran kann er in etwa ablesen, wie hoch sein Einkommen wäre, wenn er Vollzeit arbeiten würde.

WAS WILL ICH MIR GÖNNEN?

Ab und zu will man sich etwas Neues kaufen, egal ob Macbook, Taucherausrüstung oder andere Extras. Marc rechnet sich dann aus, wie viel mehr er arbeiten muss, um sich diese Dinge kaufen zu können. Ab und zu entscheidet er sich dann dagegen und »kauft« sich lieber mehr Freizeit, die er dann eben ohne Taucherausrüstung verbringen muss.

Um langfristig seine existentiellen Sorgen ablegen und größere Rücklagen bilden zu können (ohne dabei seine Freiheit aufzugeben), will Marc sich in den kommenden Jahren ein passives Einkommen aufbauen. Möglichkeiten gibt es hierzu viele, erst recht, wenn man wie er eine gewisse Online-Erfahrung hat. Diese Möglichkeiten sind nur mit einem größeren Maß an Zeitinvestition verbunden. Einen konkreten Plan gibt es nicht, aber die Chancen in diesem Bereich sind ihm sehr präsent. Sollte dies unerwarteterweise nicht gelingen, blieben ihm immer noch die Headhunter-Angebote. Aber die sind nur eine Notfall-Option.

Marc wichtigster Tipp an alle, die selbstständig durchstarten möchten: *»Nimm immer mehr Geld ein, als du ausgibst. It is really that simple.«*

JUSTIN JURA –
ZUM DIGITALEN NOMADEN DURCH DIE LIEBE

Es ist unglaublich spannend, die verschiedenen Beweggründe der Menschen kennenzulernen, die sich durch eine Selbstständigkeit mehr Freiheit verschaffen möchten. Mehr Zeit zum Reisen, mehr Nähe zur Familie, seinen Leidenschaften folgen… Jeder hat seinen ganz eigenen Antrieb. Justin Juras Antrieb war vor allem die Liebe. Wer sich im Ausland bis über beide Ohren verliebt, der hat nicht viele Möglichkeiten. Er muss umziehen, die Person zum Umzug überreden oder eine (meist zum Scheitern verurteilte) Fernbeziehung starten. Justin entscheid sich für die »All in«-Option und packte die Koffer.

Zuvor arbeitete er in Berlin eine Weile als Baustoffprüfer – ein »Vernunftberuf«, wie er heute selbst sagt. 2012 lernte er seine heutige Frau, eine Russin, kennen und er entschloss sich, zu ihr nach Russland zu ziehen. Seinen Job in Berlin musste er aufgeben. Er hatte aber bereits das Ziel, sich in

Russland einen neuen Job als Festangestellter zu suchen. »*Als mein Versuch, mich als Bauleiter in Moskau zu betätigen im Mai 2013 unvermittelt endete und ich ohne Geld und Einkommen dasaß, versuchte ich es mit einem eigenen Business: zweisprachige Begleitung von Geschäftsleuten. Akquirieren wollte ich diese online. Die Idee klang gut und von Freunden und Familie erhielt ich hauptsächlich Zuspruch, dennoch scheiterte es. Die Akquise wollte nicht recht in Gang kommen. Die Facebook-Seite besuchten eigentlich nur meine Freunde und im Endeffekt stellte sich heraus, dass eigentlich jedes bessere Reisebüro eine solche Begleitung anbot.*«

Nachdem seine Versuche, eine Festanstellung zu finden, nicht funktioniert hatten und auch seine Businessidee keine Kunden fand, begann Justin, als Übersetzer nach Aufträgen zu suchen, was deutlich besser funktionierte: »*Ich lernte, dass ein Online-Business ohne zusätzliches Standbein kein Weg zum schnellen Geld ist. Ich schaltete einen Gang zurück und begann, weniger komplexe Dienstleistungen (Übersetzungen) anzubieten. In Verbindung mit der Akquise über verschiedene Plattformen habe ich mir so ein stetiges Einkommen bei einer täglichen Arbeitszeit von ca. vier Stunden aufgebaut, das mir die Freiheit gibt, mich in der übrigen Zeit ohne Druck mit anderen Projekten zu beschäftigen.*«

Justin bekam immer mehr Aufträge und merkte dabei gar nicht, wie er nach und nach, fast schleichend, immer ortsunabhängiger in seiner Arbeit wurde. Seit einem Jahr ist er nun in der tollen Situation, dass er allein durch im Netz akquirierte Aufträge seine Frau und seinen Stiefsohn in Russland gut ernähren kann. »*Den Löwenanteil meines Einkommens (der theoretisch in Russland für ein gutes Leben zu dritt reichen würde) verdiene ich heute über ortsunabhängige Online-Aufträge.*« Seine Einnahmen als Übersetzer will Justin langfristig skalieren, indem er eine Agentur gründet und weitere Freelancer beschäftigt. Die Auftragslage ist gut. Die Ampel steht auf Grün, um sein Freelance-Business zu skalieren und auf mehreren Schultern zu verteilen.

Ortsunabhängigkeit ist für ihn durchaus ein Thema. »*Da mein 14-jähriger Stiefsohn noch in Moskau zur Schule geht, sind wir an einen Ort gebunden, verbringen jedoch jede verfügbare Freizeit mit Reisen. Da die russischen Sommerferien drei Monate lang sind, arbeite ich entsprechend im Sommer von unterwegs aus. Ich lebe sozusagen halb ortsunabhängig, die Arbeit schränkt mich dabei nicht ein.*«

Justins Tipp, für jeden, der noch am Anfang steht: Als Freelancer anfangen und dann Stück für Stück ein »richtiges« Business aufbauen. *»Suche dir als Freelancer eine Nische, die gut genug bezahlt wird, baue dir so ein stetiges Einkommen auf und beginne dann, den Unternehmergedanken weiter zu verfolgen, um die Einnahmen zu skalieren. Nichts gibt mehr Sicherheit als ein zuverlässiger Kundenstamm.*«

JEANETTE ZEUNER –
VOM SELF PUBLISHING LÄSST SICH LEBEN

Es gibt in diesem Buch mehrere Beispiele von Menschen, die ein Teil ihres Einkommens durch selbstverlegte Bücher beziehen oder sich zumindest über solche Bücher als Experte positionieren. Es gibt auch Menschen, bei denen das Self Publishing an erster Stelle ihrer Einkommensquellen steht und die sich über die Zeit durch eigene Erfahrungen und Experimente eine Expertise darin aufgebaut haben. Ein Beispiel dafür ist Jeannette Zeuner, die bereits mehrere Bücher geschrieben hat und alle davon durch Self Publishing erfolgreich online verkauft. So erfolgreich, dass sie neben dem Schreiben ihrer eigenen Bücher nun auch anderen Menschen dabei hilft, ihre Bücher zu veröffentlichen. Sie betreibt eine Agentur für Buchdesign, E-Book-Programmierung und Beratung zum Thema Self Publishing.

Ihre Bücher *Abenteuer Weltreise, Happy Landings* und *Auszeit* findet man unter anderem im Amazon-Store, aber auch in vielen anderen Online-Buchhandlungen. Vertrieben werden sie weltweit in 60 Ländern. Seit mehr als drei Jahren kann sie von ihren Büchern und ihrer Beratungstätigkeit gut leben. Schreiben ist ihre größte Leidenschaft. Auf die Frage, was sie antreibt, sagt sie mit einem Zwinkern: *»Vor allem der Wunsch, im Winter von einer Poolvilla aus zu arbeiten, zum Beispiel auf Bali.*«

Selbstbestimmtes Arbeiten ist ihr das Wichtigste. Wenn das auch noch bedeutet, dass sie hin und wieder im Winter der Kälte den Rücken zukehren kann: umso besser.

Nach dem Abi studierte Jeannette Tourismusmarketing und arbeitete nach Abschluss des Studiums in diversen Tourismusunternehmen in Festanstellung und betrieb dort vor allem Hotelmarketing. Alles deutete auf eine ganz klassische Karriereleiter hin. Schnell wurde ihr jedoch klar, dass sie lieber selbständig und ohne Boss arbeitet. So entschied sie sich für ein Zweitstudium in der Schweiz, um sich zum »Dipl. Desktop Publisher« ausbilden zu lassen. Parallel dazu schrieb sie schon ihr erstes Buch. Direkt nach dem Studium ging es nach Berlin zurück, mit dem Ziel, sich selbstständig zu machen und ihre beiden Leidenschaften »Bücher« und »Reisen« zu vereinen: ihre Dienstleistung war Grafikdesign für Tourismusunternehmen.

Existenzängste waren da, richtig ängstlich war Jeannette jedoch nie. *»Ich bin keine ängstliche Person.«* Trotzdem tauchten oft Gedanken auf, was passiert, wenn Kunden abspringen oder nicht mehr genügend Geld reinkommt. Mit diesen Fragen kämpft nahezu jeder Selbstständige. Sie sollten einen nicht allzu sehr bremsen. Mittlerweile kann auch Jeannette damit sehr gut umzugehen, schließlich geht es auch in schlechten Zeiten immer irgendwie weiter. Ängste abzulegen ist ein wichtiger Punkt, denn Existenzängste halten viele Menschen davon ab, den Schritt in die Selbstständigkeit zu wagen und zermürbt sie mitunter während des Prozesses. Von Angst muss man sich allein deswegen schon freimachen, um noch ausreichend Energie zu haben, Dinge voranzubringen.

Jeannette hat mittlerweile schon häufig aus der Ferne gearbeitet. *»Das erste Mal, als ich mir die Arbeit mit auf die Reise genommen habe, war das »Projekt Getaway«. Wir waren einen Monat in Thailand in einer wunderschönen Poolvilla auf der Insel Ko Tao. Das dortige Arbeiten mit anderen Unternehmern war inspirierend, ein »Dream come true«. Es hat mich auf den Geschmack gebracht und mir bewiesen, dass es auch von anderswo mit dem Arbeiten klappt. Im selben Jahr habe ich noch drei Monate auf Bali gelebt und gearbeitet. Das einzige Problem war immer die Internetverbindung,* *wenn man große Dateien an Kunden versenden muss. Das nimmt unheimlich viel Zeit in Anspruch. Ansonsten aber gar kein Problem.«*

Jeannette lebt nicht völlig ortsunabhängig, so wie es viele digitale Nomaden machen. Aber sie genießt die Freiheit, jederzeit, wenn ihr danach ist, den Ort wechseln zu können. Zudem teilt sie sich die Arbeitszeit sehr bewusst ein. *»Im Sommer halte ich mich an meinen »4-hour-workday«, und genieße gern das Wetter in vollen Zügen. Das heißt dann meistens: Arbeit am Morgen und Spaß den Rest des Tages. Ich liebe Natur, Segeln, Ausgehen. Den Winter nutze ich zum Reisen oder intensiv für neue Projekte, an denen ich teilweise Tag und Nacht arbeite.«*

Die meiste Zeit des Jahres verbringt sie an ihrem Wohnort Potsdam. Trotzdem ist sie ein großer Reisefan, was man an den Themen ihrer Bücher erkennen kann. Jeannettes langfristige Ziele sind: mehr passives Einkommen generieren und neue Projekte umsetzen. Sie arbeitet daran, irgendwann ihre Zeit und ihre Einnahmen voneinander abkoppeln zu können. Allein schon durch ihre Bücher ist sie auf einem guten Weg.

Jeannettes Tipp an angehende Selbstständige kommt wie aus der Pistole geschossen: »Tun! *Wenn du eine Idee hast, nicht lange überlegen, sondern einfach machen und ausprobieren.«* Ihr Beispiel zeigt, dass man ein Thema, das einen begeistert, auf vielerlei Weise zu Geld machen kann. Sie verkauft ihre eigenen Bücher, aber gibt zusätzlich ihre Erfahrungen damit an andere weiter. Wenn du gerne und gut schreibst, solltest du dich unbedingt mit Self Publishing beschäftigen. Es ist die ideale passive Einnahmequelle. Tipps und Tricks von Jeannette bekommst du gleich hier: www.bookdesigns.de und www.buchveroeffentlichen.com

DENIZ POLAT – ANGSTFREI ZUM FREELANCER

Auch Deniz Polat fährt zweigleisig. Er verdient heute seinen Lebensunterhalt vor allem als freier Softwareentwickler, hat aber auch noch ein paar kleinere Projekte, die ihm zusätzliches passives Einkommen generieren.

Das meiste Geld kommt immer noch durch seine Arbeit als Freelancer herein. Jedoch plant er, das langfristig zu ändern.

Vor seiner Selbstständigkeit war Deniz lange als Softwareentwickler fest angestellt. »*Ich habe mich immer schon nach mehr Freiheit gesehnt, wusste jedoch nie, wie ich diese erlangen konnte.*« So wie ihm geht es vielen Angestellten, die zwar unzufrieden mit dem Status Quo sind, aber nicht so recht wissen, wie sie daran etwas ändern können. Angst war es jedoch nicht, die Deniz zurückgehalten hat. »*Ehrlich gesagt habe ich nicht wirklich Ängste. Meist ist es doch eh so, dass nichts Schlimmes passiert und man sich deshalb nicht unnötig den Kopf zerbrechen sollte. Oder im anderen Fall ist etwas bereits passiert und alles Kopfzerbrechen bringt nichts mehr. Ich habe eine gesunde »Mir egal«-Einstellung und bin der Meinung, dass sich immer irgendetwas ergibt.*« Trotzdem wusste er nicht so richtig, an welchen Stellen er anfangen sollte, sein Leben umzustricken.

Geändert hat sich das, nachdem Deniz begonnen hatte, auf Blogs über digitale Nomaden und Ortsunabhängigkeit zu lesen. »*Als ich die ersten Blogs zum ortsunabhängigen Arbeiten gefunden und begeistert jeden Artikel verschlungen habe, war mir klar, dass das genau das ist, was ich will. Der Schritt in die Selbstständigkeit war dann für mich der einzig logische.*« So richtig Lust auf das klassische Arbeitsleben hatte er nie. Für ihn war Arbeit immer nur ein Mittel zum Zweck, ohne dass sie ihm Spaß gemacht hätte. Er war eben auf das Geld angewiesen und das war okay für ihn.

»*Letztes Jahr kam ich aber an den Punkt, an dem der Tausch meiner Freiheit gegen Geld und gegen meinen eigenen Traum nicht mehr in Ordnung war*«, erzählt Deniz. Nach einigem Hin und Her kam er zu dem Schluss, dass er nur als Freelancer die Freiheit haben kann, die er sich immer gewünscht hat. Mit dem neu gewonnen Wissen aus den Blogs konnte er nicht anders, als anzufangen, sein eigenes Ding zu machen und seine Freelancer-Tätigkeit aufzubauen.

Seinen Kunden ist es egal, wo er sich aufhält. Deniz unterstützt heute sehr erfolgreich Firmen in seinem Fachgebiet und hilft ihnen auf Projektbasis.

Zum Teil auch vor Ort, aber in den meisten Fällen geht dies virtuell. Viele Projekte kann er per Fernzugriff auf die Kundenrechner umsetzen.

Seine Ortsunabhängigkeit lebt Deniz bisher nur im Home-Office aus. Er hat eine Partnerin, die noch studiert, und will möglichst viel Zeit mit ihr verbringen können. Das Reisen als digitaler Nomade reizt ihn. Aber für ihn sind die wirklich schönen Momente unterwegs eben die geteilten Momente. Deshalb wartet er, bis seine Partnerin das Studium beendet hat, damit die beiden auf eine gemeinsame Reise starten können. Er will seine Ortsunabhängigkeit hin und wieder auch zum Reisen nutzen, hat aber keine Ambitionen, zum Dauerreisenden zu werden.

Örtliche Freiheit ist für ihn das Größte. An zeitliche Freiheit glaubt er jedoch nicht. »*Zeitliche Freiheit ist ein Stück weit ein Mythos, glaube ich. Wer Dinge schaffen und vorantreiben will, der ist meist gezwungen, mit anderen zusammenzuarbeiten. Spätestens dann leidet die zeitliche Freiheit zumindest ein Stück weit. Auch ist man als Freelancer meist zeitlich nicht frei.*«

Deniz' Beispiel zeigt, dass Ortsunabhängigkeit einem eine große Entscheidungsfreiheit in Bezug auf den Aufenthaltsort gibt, aber man diese nicht zwangsläufig zum Dauerreisen verwenden muss. Zudem hat er auch Kundenaufträge, die eine örtliche Anwesenheit erfordern. Das stört ihn nicht, solange sich diese Phasen in Grenzen halten. Man kann also auch nur bedingt ortsunabhängig und damit vollkommen zufrieden sein.

Für die Zukunft macht Deniz keine großen Pläne. Was nicht bedeutet, dass er keine Ambitionen hat. »*Ich muss gestehen, dass ich kein großer Fan von genauen Vorstellungen und Plänen bin. Ich lasse die Zukunft gerne auf mich zukommen und bin spontan. Natürlich habe ich dennoch grobe Pläne.*« Sein größtes Ziel ist es, sein passives Einkommen zu steigern, so dass er nicht bis ins hohe Alter gezwungen ist, als Freelancer zu arbeiten.

Deniz' wichtigster Tipp für alle Neulinge: zu versuchen, die eigenen Sorgen in den Griff zu bekommen. »*Irgendwas ergibt sich immer. Wenn man sich darüber im Klaren ist, was der schlimmstmögliche Fall ist, der eintreten kann und sich damit auseinandergesetzt hat, wie man damit umgeht und wieder heraus kommt, dann reicht das. Man muss sich nicht immer wieder vor Augen halten, was alles passieren kann.«* Zudem sagt er, dass man von Anfang an gutes Geld für seine Arbeit verlangen sollte: *»Falsche Scheu ist hier fehl am Platz. Kunden, die nicht die nicht bereit sind, vernünftig zu zahlen, sind bei jemand anderem besser aufgehoben.«*

Deniz bloggt hobbymäßig nebenher auf www.kickitoff.de über seine Lieblingsthemen Sport, Motivation und Business. Sein Business findest du unter www.deniz-polat.de

NICO RICHTER –
DAS HOBBY ZUM BERUF MACHEN

Nico Richter kann ein Lied davon singen, wie man mit seiner Leidenschaft Geld verdienen kann. Er hatte das erste Mal das Buch *Four Hour Workweek* von Tim Ferris in der Hand, als er noch studierte und in einer WG wohnte. Er kann sich erinnern, dass er schon damals den dort beschriebenen Lebensstil extrem spannend fand, aber die ganze Sache zugleich ein wenig skeptisch sah. Einige der Ideen im Buch haben aber einen bleibenden Eindruck bei ihm hinterlassen: *»Das Buch hat mich geprägt, bereits frühzeitig immer zu überlegen, was automatisierbar ist.«*

Nach dem Studium hat Nico erst einmal in klassischen Arbeitsverhältnissen im Bereich E-Commerce gearbeitet. In seinem Job war er zwar erfolgreich, aber dieser Gedanke von mehr Freiheit und Ortsunabhängigkeit im Job wuchs immer weiter. Gleichzeitig entdeckte Nico irgendwann in dieser Zeit die Paleo-Ernährung für sich. Eine Ernährungsform, bei der man vor allem auf Anbauprodukte verzichtet und viel Gemüse, Obst, Fleisch und Fisch zu sich nimmt.

Das Thema Paleo-Ernährung wurde zu einer Passion. Parallel kam bei ihm immer mehr der Gedanke auf, irgendwann ein eigenes Business zu starten. Idealerweise mit etwas, das ihn richtig begeistert. »*Die Passion war da: Ich hatte eine große Leidenschaft für das Thema Paleo-Ernährung. Ich konnte mich damit zu 100 Prozent identifizieren. Es ist sehr wichtig, dass man eine Leidenschaft hat, um die eigene Motivation aufrechtzuerhalten. Darauf basierend kam dann die Idee, diese Leidenschaft in ein Businessmodell zu packen, wovon wir langfristig gut leben können.*«

Seit rund einem halben Jahr leben und arbeiten Nico und seine Freundin nun völlig ortsunabhängig. Ihre Wohnung in München haben sie aufgegeben. Sie haben aktuell keinen festen Wohnsitz mehr, gemeldet sind sie bei Nicos Eltern, jedoch rein pro forma.

Vor zwei Jahren haben sie Paleo360 gegründet. Ein Webportal, basierend auf einem Blog, das sich intensiv mit dem Thema Paleo-Ernährung beschäftigt. Zu Beginn der Gründungszeit hat Nico einige Monate seinen festen Job als Projektmanager parallel betrieben. Seine Freundin war noch deutlich länger festangestellt. »*Ich hatte ein paar finanzielle Reserven und konnte schon einmal Gas geben.*«

Sie starteten mit Paleo360 zuerst als reinem Blog und boten dort kostenlosen Content, so wie es beim Bloggen eben üblich ist. Bloggen funktioniert im Grunde, wie zuvor bereits geschrieben, durch das Gesetz der Reziprozität. Erst eine Menge kostenlosen Content geben, damit man später einmal auch etwas von den Lesern nehmen, also verkaufen kann. Parallel zum Bloggen erstellten die beiden ein Kochbuch, das die Grundlage für eine große Blog-Reichweite legte, da es sich blendend verkaufte. »*Sobald du coolen Content anbietest, kommen die Leute von allein. Wichtig ist, Mehrwert zu generieren und den Leuten Spaß am Thema zu geben.*«

Zuerst dachten die beiden damals daran, ihr Kochbuch am besten im Self Publishing zu verlegen, so wie auch andere es erfolgreich getan haben. »*Ich habe trotzdem einfach mal ein paar Verlage angeschrieben und einer hat direkt angebissen.*« Die beiden entschieden sich also, mit einem Verlagshaus zusammenzuarbeiten. Mittlerweile findet man ihr Kochbuch in jedem großen Buchladen. Es verkauft sich weiterhin sehr gut und dient nicht nur als

Trafficquelle für den Blog, sondern ist ein tolles Marketing- und PR-Tool. *»Zwar wird man von Büchern direkt nicht reich, aber es ist ein Türöffner.«*

Die Besuchszahlen stiegen und die beiden hatten damit weitere Möglichkeiten, um ihren Blog zu monetarisieren. Am Anfang nutzten sie vor allem das Partnerprogramm von Amazon, um erste Umsätze zu machen. Aber es kamen auch schnell eigene Produkte hinzu. Diese machen heute über 70 Prozent ihrer Einnahmen aus.

Sie verkaufen auf Paleo360 E-Books, die beim Einstieg in die Paleo-Ernährung helfen, sowie diverse Mini-E-Books zu Fokusthemen. Außerdem gibt es wöchentliche Ernährungspläne im Abo. Das zweite Kochbuch steht in den Startlöchern. Zudem werden sie mittlerweile von Werbepartnern für Produkttests bezahlt.

Zwar dreht sich alles um das eine Thema Paleo. Aber die Einnahmen sind sehr breit gestreut, was eine große Sicherheit gibt. Verkauft sich ein Produkt mal schlechter, gibt es noch genug andere Dinge, die einen Abnehmer finden. *»Wichtig ist für uns vor allem der kostenlose Traffic. Wir warten, bis die Leute freiwillig kommen.«*

Aktuell sind Nico und seine Freundin in Berlin, nachdem sie in den Vormonaten schon verschiedene Länder in Afrika bereist haben. Das nächste Ziel ist Lissabon, in der zweiten Jahreshälfte folgt Südostasien. Die beiden haben viel vor, sowohl beim Reisen als auch mit ihrer Unternehmung.

Nicos Tipp für alle, die noch am Anfang stehen, haben wir schon mehrfach gehört. Er sagt, dass Fokus ein entscheidender Faktor für seinen Erfolg war. *»Ich habe mich damals voll auf Paleo360 fokussiert. Zudem muss man hin und wieder zu Dingen auch Nein sagen können und sich gut organisieren.«* Was hilft: *»Ich bin in einem gewissen Maß ein »Productivity Nerd« und nutze diverse Tools und Checklisten. Man muss natürlich aufpassen, dass man es nicht übertreibt und nicht nur am Planen ist, sondern auch umsetzt.«* Umgesetzt hat er schon eine Menge und scheint daher ein gesundes Maß zwischen Planung und Ausführung gefunden zu haben.

BENJAMIN MICHELS –
BURNOUT ALS ERFOLGREICHER GRÜNDER

Einige der bisher vorgestellten Gründer haben gleich nach der Uni losgelegt und sich selbstständig gemacht. Andere haben erst Erfahrung in einer Festanstellung gesammelt und wollten dann mehr Freiheit. Benjamin Michels hat ein wenig früher losgelegt und bereits mit 15 sein erstes Unternehmen gegründet, das sich über viele Jahre zu einem bodenständigen Produktionsunternehmen entwickelt hat. Über Selbstständigkeit und Gründung muss ihm keiner etwas erzählen. 450 Quadratmeter Produktionsfläche, dutzende Maschinen und ein tolles Team hatten ihn in Berlin fest gebunden. Jeden Morgen verließ er um 7:15 Uhr das Haus und fuhr zur Arbeit. Eine 40-Stunden-Woche wäre damals für ihn ein Traum gewesen, die schon mehrfach zitierte 4-Stunden-Woche nur eine Fata Morgana. Bei ihm waren es eher 80 Stunden jede Woche. Die Dauerbelastung hat ihn jedoch über die Zeit Stück für Stück kaputt gemacht und führte 2010 zum Burnout.

Er zog die Notbremse und verkaufte diese sowie eine weitere Firma, die ihm damals gehörte, und stellte sich noch einmal völlig neu auf. Obwohl er keine akuten finanziellen Sorgen hatte, machten sich trotzdem gewisse Existenzängste breit. Er nahm einen Job als Projektmanager an, aber fand auch dort keine Ruhe. Dort konnte er zwar zu einem wesentlichen Teil im Home-Office arbeiten, wirklich besser wurde es für ihn und seine Gesundheit aber nicht.

Erst die Chance, als Dozent an einer Uni zu arbeiten, gab ihm ein gutes Verhältnis zwischen Verdienst und investierter Zeit zurück. Das wiederum führte dazu, dass er viel mehr Zeit für alles andere hatte. So hat sich sein Fokus immer mehr auf die ortsunabhängige Arbeit verschoben.

Aktuell verdient Benjamin seinen Unterhalt mit verschiedenen Dingen. Die Dozentenstelle hat er immer noch. Zwar ist diese zu einem gewissen Teil ortsgebunden, aber sie macht ihm zu viel Spaß, um sie ganz aufzugeben. Langfristig will er aber ortsungebundener sein.

Benjamin ist außerdem ebenfalls als Self Publisher aktiv und hat schon einige Bücher auf Amazon veröffentlicht. Anfangs verdiente er damit keine 100 Euro im Monat. Mittlerweile konnte er die Einnahmen durch die Bücher verzehnfachen. Sein Ziel für dieses Jahr: zehn Bücher herausbringen. Das Tolle an dieser Arbeit: Er kann wirklich von überall aus schreiben. Zumindest, wenn er die nötige Ruhe findet.

Seit einiger Zeit betreibt er den Blog www.serial-entrepreneurship.de, mit dem er anderen Menschen helfen möchte, Unternehmen zu gründen. So gibt es zum Beispiel die Rubrik »Existenzgründung Live«. Unter dieser Rubrik startet er kleine Gründungsprojekte und lässt andere Menschen dabei zugucken. Ein Projekt, das ihm extrem viel Spaß macht und ebenfalls von jedem Ort aus möglich ist. Von der totalen Ortsungebundenheit hält ihn eigentlich nur noch die Dozentenstelle ab. Er ist sich selbst nicht sicher, wie lange noch. Ortsunabhängigkeit kann wirklich ansteckend sein.

Heute hat Benjamin ein Leben, das er »einfach nur geil« findet: »*Ich kenne nur einen Menschen in meinem Umfeld, der ein noch freieres Leben hat – und der ist gerade auf Weltreise! Nehmen wir diese Woche als Beispiel: Gestern habe ich noch bis in die Nacht hinein ein paar Beiträge für meine Website »Serial Entrepreneurship« geschrieben. Warum? Nicht, weil ich es musste, sondern weil ich Lust drauf hatte. Heute Morgen sitze ich auf der Couch, genieße mein Leben und beantworte dieses Interview. Generell ist mein Leben durch ortsunabhängiges Arbeiten viel lustvoller geworden. Nicht falsch verstehen: Für mich steht nicht die Frage im Vordergrund, ob etwas ortsgebunden ist oder nicht. Für mich geht es immer um die Frage, ob ich damit glücklich bin, ob es sich gut anfühlt, denn nur so kann ich langfristig auch gut damit leben.*«

Die Kehrseite der Medaille ist für ihn, dass er immer allergischer auf Termine und feste Arbeitsrahmen reagiert. Auch Menschen in seinem Umfeld begegnen seiner Freiheit oft mit Skepsis und einem gewissen Neid. Am Ende des Tages zählt aber vor allem seine eigene Zufriedenheit. Und die, so hat er beschlossen, muss er zukünftig nicht mehr jedem auf die Nase binden.

Benjamins zentraler Tipp für alle angehenden Selbstständigen ist, sich klare Ziele zu setzen: »*Sei so konkret wie möglich bei der Zielsetzung und bleibe hartnäckig. Egal, wie groß die Widerstände sind, pass deine Ziele bei Bedarf an, aber gib nicht auf. Und rede vor allem mit anderen Menschen darüber. Hol dir so viel Feedback, Ideen und Anregungen wie möglich. Die Menschen um dich herum haben einen enormen Wissensschatz – lerne ihn anzuzapfen. Und lass dich von Bürokratie nicht abschrecken, die gibt es leider immer und überall. Wichtig ist, dass du dich gut fühlst und glücklich durchs Leben gehst. Folge meinem einfachen Leitsatz: Ich mache nichts, was mich nicht glücklich macht.*«

Wer mehr über Benjamin erfahren möchte, findet Infos auf seiner Website www.serial-entrepreneurship.de. Seine Bücher sind bei Amazon erhältlich.

THERESA LACHNER – DIE ORTSUNABHÄNGIGE SEXKOLUMNISTIN

Theresa Lachner sitzt in ihrem ehemaligen Kinderzimmer und arbeitet an ihren Sexkolumnen. Aber nur übergangsweise. Sie hat mit ihren 28 Jahren schon viel von der Welt gesehen, in diversen Städten gelebt und viele spannende Jobs gehabt. Im Moment ist sie einfach nur eine Weile in ihrer alten Heimat, ein neuer Job ist bereits in Aussicht.

Getroffen habe ich Theresa das erste Mal in Vietnam. Bei vietnamesischem Bier und Froschschenkeln in Tamarindensoße erzählte sie mir spannende Geschichten aus ihrem ortsunabhängigen Journalistenleben. Studiert hat sie Kommunikationswissenschaften und vergleichende Literaturwissenschaften in Österreich. »*Ich war sehr inselbegabt, Mathe war nicht so meins. Schreiben konnte ich immer gut. Also habe ich einfach mal was mit Medien gemacht.*« Das Studium beschreibt sie rückblickend als eher sinnfrei. Etwas gelernt, das ihr nutzt, habe sie dort nicht wirklich, abgesehen von der Ellbogenmentalität, die man in diesem Massenstudium einfach haben musste. »*Ich musste mich durchboxen. Auffallen.*« Dort lernte sie quasi unabsichtlich die Kunst der Selbstvermarktung. Eigentlich kein Studieninhalt.

Bereits während des Studiums angelte sich Theresa schon einige extrem spannende Jobs. Beim »Feigenblatt Magazin« zum Beispiel arbeitete sie als Sexkolumnistin. Ihr erster Job in diese Richtung, zu Beginn vielmehr ein Praktikum. Die Bezahlung war mies. Aber sie hatte Spaß an der Arbeit und war so gut, dass die Herausgeber ihr die Aufgabe übertrugen, einen Blog für das Magazin aus dem Boden zu stampfen und zu betreuen. »*Für 100 Euro im Monat machste jetzt mal den Blog?!*« Und das mit Erfolg: An schlechten Tagen hatte sie über 1000 Leser, an guten Tagen über 2000. Sex sells. Sie bekam weitere Aufgaben übertragen, unter anderem erstellte sie für das Feigenblatt ein Sonderheft mit dem Titel »Die 60 besten Pornos für Paare«. Weitaus mehr als 60 musste sie dazu aus Recherchegründen gucken. »*Ich war die letzte Person, die dort gearbeitet hat, die noch Sex hatte.*« Wahrscheinlich mit ein Grund, warum ihre Texte so gut ankamen.

Während ihrer Tätigkeit beim Feigenblatt arbeitete Theresa parallel bei einem Musikmagazin aus Wien als Filmkritikerin. Nachdem das Feigenblatt-Magazin endgültig eingestellt wurde, arbeitete sie beim Musikmagazin weiter, ging zurück nach Wien und setzte dabei ihr Studium fort. Aufgrund ihrer guten Texte für das Feigenblatt kamen auch bekanntere Magazine auf sie zu und fragten Theresa an, für sie die Sexkolumnen zu schreiben. Das Geheimnis ihres Erfolges beschreibt sie so: »*Es gibt einfach nicht viele Leute in Deutschland, die gut über Sex schreiben können.*« Theresa hat eine Nische besetzt. Ein Beweis, dass sich die Macht der Nische nicht allein auf das Internet beschränkt. So schrieb Theresa Sexkolumnen für Magazine wie Myself oder Cosmopolitan. Zudem hat ihr offener Umgang mit dem Thema auch dazu geführt, dass andere Menschen sich ihr gegenüber extrem schnell öffnen. »*Endlich jemand, mit dem man mal normal darüber reden kann.*«

Währenddessen machte sie ihren Studienabschluss und es war Zeit, sich einen »richtigen« Job zu suchen. »*Wenn schon an ein Büro gefesselt, dann wenigstens an einem spannenden Ort*«, dachte sie sich und bewarb sich vor allem im Ausland. Die erste Stelle, die ihr zusagte, war ein Kunstbuchverlag mit Sitz in Saigon. Ihr erster ortsgebundener Job – in Saigon. Es stellte sich aber schnell heraus, dass die Arbeit nichts für sie war. Der Chef »*war ein Idiot«* und sie verließ die Stelle nach drei Monaten mit den zwei Worten *»Ich kündige«.* Eine Abfindung war noch drin, zudem hatte sie noch einige Freelancer-Aufträge, u.a. für die Cosmopolitan. Sie entschied, noch ein wenig in Saigon zu bleiben.

Ungefähr zur gleichen Zeit ergab sich eine neue Jobchance für eine Schweizer Reiseführer-Firma aus Lausanne, die eine Journalistin suchte, um ihre Reiseführer up to date zu halten. Der perfekte Job für Theresa, denn dies bedeutete, die entsprechenden Regionen auch selbst bereisen und die Aktualität der Informationen direkt vor Ort nachprüfen zu müssen. Trotzdem war auch diese Arbeit irgendwann abgeschlossen und es ging nach Hause. Bei der Cosmopolitan ergab sich die Chance, für eine Journalistin, die Elternzeit genommen hatte, einzuspringen. Theresa ließ sich von Geld und Ruhm locken und willigte ein. Fünf Monate Büroleben.

»Ich bin schon ein Stück weit käuflich. Wenn ich in einem festen Job so viel verdiene, dass ich später davon gut reisen kann, kann es passieren, dass ich zusage.« Für Theresa ist die Festanstellung nicht das Nonplusultra. *»Zeit gegen Geld zu tauschen, ist für ne Weile mal okay. Hauptsache, man bleibt nicht darauf hängen und hat wieder Phasen, in denen man freier ist.«* Theresa hat ihre Ortsunabhängigkeit schon viel zu oft viel zu sehr genossen, als dass sie sich diese Freiheit dauerhaft nehmen lassen würde. Aber wenn ein Jobangebot kommt, das spannend ist und sich finanziell lohnt, dann setzt sie ihre Freiheit durchaus für eine längere Zeit auf Pause. Ihr Ziel ist es, die Karriereleiter noch ein wenig nach oben zu steigen. Sie hat Ambitionen. Ob in Festanstellung oder als Freelancer, das lässt sie offen. Eine Ressortleitung bei einem großen Magazin würde sie reizen. Bücher schreiben würde sie auch irgendwann gerne. Das geht überall.

Möbel und andere größere Anschaffungen lösen in ihr ein Gefühl von Unbehagen aus. *»Kleiderschränke oder Betten zu kaufen, gibt mir das Gefühl, unbeweglich zu sein.«*

Ihr wichtigster Tipp an alle, die gerade erst durchstarten, lautet, sich nicht unter Wert zu verkaufen und sich zur Beruhigung vor dem Schritt in die

Selbstständigkeit ein wenig finanzielle Reserven zu verschaffen. »*Ein Polster zu haben, das dir ermöglicht, auch mal einen Job abzulehnen, ist schon gut. Ich nenne das »Fuck you Money«. So muss man nicht jeden Drecksjob akzeptieren.*«

Auf die Frage, wie es bei ihr um die Angst steht, sagt sie: »*Ich hatte nie wirklich Angst und verstehe es deswegen wohl immer nicht ganz, wenn mich andere Leute »mutig« nennen. Mich kostet es gerade 30.000 Mal mehr Überwindung, mich zu verlieben. C´est la vie.*«

Theresas letzter Satz: »*Nicht lang schnacken, Koffer packen!*«

BENEDIKT JANSSEN – EINER, DER REZIPROZITÄT LEBT

Es war im Frühjahr 2014, als ich Benedikt auf einem Lufthansa-Flug von Düsseldorf nach Berlin kennenlernte. »*Guten Tag, mein Name ist Benedikt Janssen*«, sagte er mit ausgestreckter Hand, noch bevor er es sich auf dem Sitzplatz neben mir bequem machte. Etwas perplex gab ich ihm die Hand, denn dass sich mein Sitznachbar auf diese Weise vorstellt, war mir bisher noch nie passiert. Benedikt verwickelte mich gleich in ein gutes Gespräch und ich legte meine anfängliche Skepsis ab. Wir unterhielten uns durchgängig bis zur Landung in Berlin. Es war ein angenehmer und interessanter Austausch, beruflich wie privat.

Zwar waren und sind unsere Wege sehr unterschiedlich. Aber es stellte sich schnell heraus, dass das Thema des ortsunabhängigen Arbeitens und das Leben im Ausland uns verband. Auch Benedikt arbeitet weitestgehend ohne örtliche Bindung. Die meiste Zeit reichen ihm sein Laptop, sein Smartphone und eine gute Internetverbindung.

Bereits mit 27 Jahren schaffte Benedikt es, als professioneller Trainer für Effektivität und Kommunikation für einen renommierten Seminaranbieter zu arbeiten. Vor seiner Tätigkeit hat er als diplomierter Betriebswirt einige Jahre im Vertrieb gearbeitet und dort die Kunst des Verkaufens gelernt.

Während seiner Arbeit als Trainer begann er, sich intensiv mit dem Thema Positionierung zu beschäftigen. Ursprünglich mit dem Ziel, als Trainer weiter aufzusteigen und Top-Speaker zu werden. Zu diesem Zeitpunkt konnte er stellenweise bereits ortsungebunden arbeiten, aber Trainings erforderten die Anwesenheit vor Ort – und dies fast immer im deutschsprachigen Raum, da die Sprachbarrieren im Seminargeschäft besonders hoch sind. Zu diesem Zeitpunkt hatte er durch seine bisherigen Tätigkeiten und sein Networking mit etablierten Top-Speakern schon ein großes Netzwerk an hochrangigen Kontakten. *»Ich führe gerne interessante Menschen zusammen und habe das immer schon getan«*, sagt er. Man kann Benedikt als Multiplikator bezeichnen. Er ist ein Mensch, dem es Spaß macht, seine Kontakte zu nutzen, nicht nur für sich selbst, sondern auch für andere. Diese Fähigkeit und auch der Spaß daran sind zweifelsohne ein Teil seiner Erfolgsstrategie.

Seine intensive Auseinandersetzung mit dem Thema Positionierung führte dazu, dass er die Rednerkarriere nicht weiter verfolgte, sondern damit begann, Experten und bekannte Persönlichkeiten bei ihrer digitalen Positionierung zu beraten. Eine Tätigkeit, die ihm noch viel mehr Möglichkeiten bot, ortsungebunden zu arbeiten. *»Ich arbeite mit meinen Klienten gemeinsam an ihrer Wahrnehmung im Netz. Ein Thema, das heute immer wichtiger wird, besonders für Menschen, die in der Öffentlichkeit stehen. Autorität kommt von Autor, wobei sich auch die Buchwelt immer weiter ins Netz verlagert.«*

Sein Spaß an Networking und Positionierung haben Benedikt schon weit gebracht. Vieles hat er ausprobiert, vieles war erfolgreich. Besonders bemerkenswert ist dabei, dass er sein eigenes Netzwerk anderen Menschen zugänglich macht und keine falschen Neidgedanken pflegt. Was beispielsweise in der Bloggerwelt ein wichtiges Erfolgskriterium ist, das gilt auch in Benedikts Beispiel: Falscher Neid führt in die Sackgasse, Austausch und Unterstützung schaffen Win-Win-Situationen. Dabei ist ihm das Reziprozität-Gesetz wichtig, das aussagt: Wenn man jemandem einen Gefallen tut, erhält man viel zurück. Benedikt hat die Erfahrung gemacht, dass vor allem erfolgreiche Menschen besonders dankbar sind und »zurückgeben« möchten. Einerseits, weil es ihnen natürlich leichter fällt, schließlich haben sie mehr Möglichkeiten, zu geben, z.B. Kontakte zu vermitteln. Andererseits aber auch, weil sie von der Geben-und-Nehmen-Denkweise überzeugt sind – denn diese ist einer der Gründe für ihren Erfolg.

Mittlerweile ist Benedikt dort angekommen, wo er sich sehr wohl fühlt. Aktuell verbringt er den Winter in Taiwan und hat keine Ambitionen, langfristig nach Deutschland zurückzukehren – es sei denn, die Terminlage erfordert es. Seinen Hauptwohnsitz in Berlin hat er aufgelöst. Das einzige, was er in der Stadt zurückgelassen hat, ist sein Youngtimer, ein schickes Mercedes Coupé, in dem sich noch ein Koffer befindet...

Ansonsten konzentriert er sich voll auf das Thema digitale Positionierung. »*Ich bin ein Teilzeit-Nerd*«, sagt Benedikt. Er kann problemlos den halben Tag allein in einem Zimmer vor dem Computer sitzen und arbeiten. Abgeschnitten von der Außenwelt. Und dann, wenn es nötig ist, kommt er aus der Deckung und nutzt sein Talent als Multiplikator – auch und gerade im Ausland, wo immer mehr seiner Klienten herkommen.

Warum es ihn ins Ausland gezogen hat? Das sind bei Benedikt ähnliche Beweggründe, wie ich sie auch von anderen ortsunabhängigen Freiberuflern und Unternehmern schon gehört habe. Er genießt neben den spannenden neuen Einflüssen, die ein fremdes Land bietet, auch die Tatsache, dass man oft schnelleren Zugang zu den Dingen vor Ort bekommt. Man steht in gewisser Weise über den Dingen, denn man findet nur bis zu einem sehr beschränkten Grad in die dortige Gesellschaft hinein und wird anders wahrgenommen. Als Außenstehender eben. Unter anderem auch dadurch hat man nicht so viele Verpflichtungen und Bindungen und ein sehr großes Freiheitsgefühl. Man ist nicht direkt Teil der Gesellschaft und des Alltagslebens.

Benedikt will seine Tätigkeiten weiter ausbauen und gleichzeitig bei seinem freien Leben keine Abstriche machen. »*Als Fulltime-Redner zu arbeiten ist für mich nicht interessant, denn Vortragsveranstaltungen sind immer anlassbezogen.*« Das würde ihn zu unbeweglich machen.

Auch Benedikt habe ich nach seinen Erfolgskriterien und Tipps für Anfänger gefragt, und er hatte erfrischend neue Antworten. Der wichtigste Tipp von ihm ist es, sich von falschem Stolz zu befreien und Eigenverantwortung zu übernehmen. »*Wenn etwas richtig schlecht gelaufen ist, dann muss ich vor mir und gegebenfalls anderen zugeben können, dass ich es versemmelt habe und kein anderer die Schuld daran trägt. Und im nächsten Schritt muss ich den Willen haben, mich zu verbessern, von anderen dazuzulernen, mich weiterzubilden.*«

Zudem ist Neid für ihn eine der größten Bremsen. Eines von Benedikts Lieblingszitaten stammt daher von Zig Ziglar: »*You can have everything in life you want, if you will just help enough other people get what they want.*«

KAPITEL 6

ÜBER DEN UMGANG MIT DER ANGST

DER WEG DES MISCHA MILTENBERGER

Darf ich mich vorstellen? Mein Name ist Mischa und ich werde dich mit meinen Gedanken durch das folgende Kapitel begleiten. Wenn du dich jetzt fragst: »*Wer taucht denn da jetzt plötzlich Neues im Buch auf?*«, erzähle ich dir kurz und knapp ein paar Dinge aus meinem Leben.

Warum ich dieses Kapitel über die Angst vor der Selbstständigkeit schreibe, ist einfach erklärt: Zum einen bin ich quasi ein Spezialist in Sachen Angst, da mein Leben zwei Jahrzehnte lang durch eine Angststörung immer wieder stark beeinträchtigt war. Zum anderen habe ich es mich tatsächlich getraut: Ich mache mich selbstständig. Während ich diese Zeilen schreibe, fehlen mir noch ein paar offizielle Dokumente dafür. Während du diese Zeilen liest, habe ich den großen Schritt wahrscheinlich schon gemacht.

Elf Jahre lang habe ich als Redakteur bei einer regionalen Tageszeitung gearbeitet und als Festangestellter ein ganz ordentliches Gehalt bezogen. Obwohl es nach meinem BWL-Studium der Traumberuf schlechthin für mich war (auf einen Job in Anzug und Krawatte hatte ich eh keine Lust), stimmte irgendetwas nicht. Das Leben in der Tretmühle mit all seinen Begleiterscheinungen passte augenscheinlich nicht zu meinem im tiefsten Herzen rebellisch angehauchten Wesen. Über ein Jahrzehnt lang wollte ich das nicht wahrhaben. Die Konsequenz waren drei schwere depressive Episoden. Was einem in solchen Zeiten widerfährt und wie lange es dauert, sich wieder aus dem seelischen Sumpf herauszuwühlen, wünsche ich nicht einmal meinem ärgsten Feind. Abgesehen davon, dass ich gar keinen ärgsten Feind habe.

Nach einem kompletten Zusammenbruch im April 2013 habe ich die Reißleine gezogen und mich in eine psychosomatische Klinik einweisen lassen. Das war meine Rettung und der Startschuss in ein neues Leben. Im Anschluss daran habe ich es noch einmal im alten Job probiert, weil ich wissen wollte, ob ich die Arbeit dort in besserer psychischer Verfassung aus einem anderen Blickwinkel sehe. Das Gegenteil war der Fall. Mit jedem Tag wurde mir klarer, welchem Wahnsinn ich mich da elf Jahre lang ausgesetzt hatte. Es folgte die nächste einschneidende Entscheidung: Ich habe gekündigt. Ohne Anschlussjob. Ohne Netz und doppelten Boden.

Rückwirkend die beste Entscheidung meines Lebens. Um auszureizen, was sich mit meinem neuen Mut und der frisch gewonnenen Abenteuerlust anstellen lässt, folgte eine halbjährige Reise mit dem VW Bus durch halb Europa – die meiste Zeit allein. Auf meinem Blog *Adios Angst – Bonjour Leben* schreibe ich darüber, was die Reise mit mir gemacht hat und wie ich inzwischen mit den Themen Angst, Mut und Herausforderungen umgehe. Die nun beginnende Selbstständigkeit ist für mich die spannendste Zeit meines Lebens. Neue Menschen, neue Ideen, neue Projekte, wie zum Beispiel die Zusammenarbeit mit Tim oder die Dienstleistungsplattform *VollKorrekt*, die ich mit zwei Freunden an den Start bringe, prägen diese Phase. Auch ich bin nicht frei von Zweifeln. Auch ich habe in jüngster Zeit das ein oder andere mal gehadert und mich gefragt, ob ich das Richtige tue. Aber ich weiß durch meine Erfahrungen der vergangenen zwei Jahre, wie ich mit meinen Ängsten umgehen kann. Ich werde mich nicht mehr von ihnen ausbremsen und von einem Leben abhalten lassen, das ich unbedingt will und brauche.

Du wirst in diesem Kapitel einige einfache Methoden kennenlernen, die mir beim Umgang mit der Angst und auf dem Weg in die Selbstständigkeit sehr geholfen haben. Vielleicht sind von den vielen Tipps und Anregungen auch welche dabei, die bei dir funktionieren. Probier doch einfach ein wenig aus und schau, was dir gut tut und hilft.

DU HAST ANGST VOR DER UNSICHERHEIT? DAS IST GANZ NORMAL!

Wenn du ehrlich bist, fühlt sich dein Status Quo in der Festanstellung sehr bequem an: Du hast einen Job, bekommst jeden Monatsanfang dein Gehalt, mit dem du sicher planen kannst, erhältst vielleicht sogar Urlaubs- oder zumindest Weihnachtsgeld. Wenn du krank bist, fließt trotzdem Geld auf dein Konto.

Deine Sozialabgaben werden automatisch abgeführt. Du weißt, dass du rund 25 bis 30 Urlaubstage zur Verfügung hast. Alles ist schön für dich geregelt. Das gibt ein prima Sicherheitsgefühl. Du bist quasi Vollkasko-versorgt. Musst nur eine Gegenleistung bringen: Jeden Tag wieder in die Firma marschieren. Jahrein. Jahraus.

Ich konnte und wollte das nicht mehr. Was aber damit klar war: Für diese entscheidende Veränderung musste ich raus aus meiner Sicherheitszone. Und zwar verdammt weit. Die Selbstständigkeit befindet sich in einer Region, in der die Vollkasko-Versicherung nicht mehr greift und vieles in Frage gestellt wird, was vorher scheinbar selbstverständlich war. Das macht natürlich Angst. Aber weißt du was? Das ist völlig normal!

Bei allem, was uns nicht vertraut ist, haben wir unangenehme Gefühle. Wir sind besorgt, weil wir nicht wissen, was auf uns zukommt. Das große Unbekannte baut sich drohend am Horizont auf. Und wir wissen nicht: Sind das ein paar harmlose dunkle Wolken, die sich wieder verziehen? Geraten wir da in ein richtig schweres Gewitter? Oder sind es nur ein paar kurze Schauer und danach empfängt uns strahlender Sonnenschein?

Wer den Schritt in die Selbstständigkeit wagt, auf den wird unglaublich viel Neues zukommen. Ich würde am liebsten heute schon wissen, wie mein Leben, mein Arbeitsaufwand und meine Einnahmen in ein oder zwei Jahren aussehen werden. Aber wie ich es drehe und wende: Diese Informationen wird mir niemand geben können. Natürlich macht das ein wenig Angst.

Da ist die Angst vor:

- dem finanziellen Scheitern
- dem persönlichen Scheitern, um nicht als Versager abgestempelt zu werden
- zeitlicher Überlastung und nicht zu wissen, wie weit meine Kraft reicht
- Krankheit
- fehlender Erholung in Form von freien Tagen oder Urlaub
- der fehlenden Absicherung im Alter
- all der Bürokratie inklusive Steuern, Versicherungen und Gesetzen
- der Frage, ob ich genug Selbstdisziplin und Selbstorganisation habe

Geht es dir auch so? Dann stellst du dir zu all diesen Themen immer wieder dieselben Fragen. Die sind allesamt berechtigt. Es ist auch wichtig, dass du darüber nachdenkst. Doch wenn du Antworten darauf finden willst, solltest du vom Grübel-Modus bald in den Tun-Modus umschalten. Das kann dir niemand abnehmen.

Letztlich stellt sich also die Frage: Wie gehst du mit deiner Angst um? Stellst du dich ihr oder läufst du weg? Wir Menschen haben die Angst als natürlichen Schutzmechanismus. Diese geht auf die Frühzeit der menschlichen Entwicklungsgeschichte zurück. Beim Angriff eines wilden Tieres oder von Feinden lautete stets die Frage: Angriff oder Flucht? Nur die richtige Entscheidung in Sekundenbruchteilen sicherte das Überleben. Dafür braucht es die Angst und die dadurch ausgelösten physischen Reaktionen wie zum Beispiel schnellerer Herzschlag, höherer Blutdruck, erhöhte Aufmerksamkeit und Reaktionsschnelligkeit, erhöhte Muskelanspannung, Zittern und Schwitzen.

Genauso wie unseren Vorfahren beim Anblick eines Löwen der Schreck in die Glieder gefahren ist, passiert dir das vielleicht beim Gedanken an die Selbstständigkeit. Die riesengroße Unsicherheit kann dir durchaus Furcht einflößen. Mir ging das früher regelmäßig so, wenn ich auch nur eine halbwegs ernsthafte Überlegung in diese Richtung angestellt habe. Der Gedanke daran, deshalb all die kühnen Planungen über Bord zu werfen und so weiterzumachen wie bisher, liegt nahe. Die Flucht vor dem imaginären Feind ist der Hauptgrund, warum sich immer noch so wenige Menschen selbstständig machen. Oder warum hörst du sonst so viele Bekannte davon schwadronieren, welche genialen Pläne sie haben – aber nie wird auch nur einer davon in die Tat umgesetzt?

Die Lösung besteht darin, die Angst als einen Teil von dir anzunehmen und zu akzeptieren. Kampf ist im Gegensatz zum Neandertaler keine Option. Denn Ängste lassen sich nicht irgendwie wegdrücken oder abschalten. Verdrängen auch nicht. Wenn du das probierst, holen sie dich später mit verstärkter Kraft wieder ein. Ich weiß, wovon ich rede, schließlich war ich lange der (erfolglose) Großmeister des Verdrängens. Aber Flucht ist auch nicht nötig. Du kannst die Angst wahrnehmen, ihr ins Gesicht sehen und fragen: Was ist denn das Schlimmste, was mir dabei passieren kann?

Diese Vorgehensweise ist ein Klassiker in der Behandlung von Patienten mit Angststörungen. Eine Frage, so simpel wie effektiv zugleich und anwendbar auf alle Lebenssituationen. Es empfiehlt sich, dass du dir die Frage entweder selbst stellst und die Antworten notierst. Oder noch besser klappt es, wenn dich dein Partner oder ein guter Freund fragt und auf deine Antworten hin immer wieder mit »*Und dann?*« nachhakt. Probiere es aus und du wirst sehen, dass damit schon viel Schreckenspotenzial verloren gehen kann. Und dass die Frage der Selbstständigkeit schon gar keine über Leben und Tod ist.

Ganz im Gegenteil: Wenn du die Angst davor überwindest, kann das ein echter Turbo Boost für dein weiteres Leben sein. Denn wir Menschen wachsen daran, wenn wir Dinge in Angriff nehmen, die uns nicht vertraut und damit unangenehm sind. Wenn wir wissen, dass wir vor etwas Angst haben und es trotzdem tun. Diesen Mechanismus beschreibt Alexander Huber, einer der weltbesten Bergsteiger und Extremkletterer in seinem Buch *Die Angst – mein Freund*. Die Angst immer wieder bewusst wahrzunehmen, nicht davonzulaufen, sondern sich ganz konzentriert auf seine Stärken zu besinnen und sein Vorhaben durchzuziehen, ist für Huber der Schlüssel zum Glück und seiner Lebensenergie.

Aus eigener Erfahrung kann ich das bestätigen. Bis vor zwei Jahren bin ich der Angst immer davongelaufen. Ich habe von einem aufregenden Leben geträumt, mich aber nicht getraut, es tatsächlich zu führen. Während andere ihre Abenteuer erlebt haben, bin ich auf dem Sofa gelegen und habe Fernsehen geschaut. In Verbindung mit dem Job, der schon länger nicht mehr zu mir passte, hat mich dieses Leben krank gemacht. Heute weiß ich: Nur, wenn ich mich mit der Angst auseinandersetze, kann ich das Leben mit jeder Faser spüren. Ich will nichts mehr verpassen und nehme die Unsicherheit voll an. Klar habe ich großen Respekt vor der Selbstständigkeit. Doch die Neugierde auf das, was kommt, ist größer als die Furcht. Ich ziehe es einfach durch, weil ich mein Leben nie mehr von der Angst dominieren lassen will.

Ich nehme die Angst durchaus wahr. Trotzdem lege ich einfach los. Und bewerkstellige dabei Dinge, die ich mir vorher nicht zugetraut habe. Jedesmal, wenn ich der Angst ins Auge sehe und nicht flüchte, bin ich hinterher unheimlich stolz. Ich kann quasi meinem Selbstwertgefühl beim Wachsen zusehen. Ich bin raus aus der Sicherheitszone und werde nun immer öfter Dinge ausprobieren, vor denen ich mich vorher gefürchtet habe.

Wenn du ebenfalls eine positive Spirale in Gang setzen willst, an deren Ende du der große Gewinner bist, darfst du eins nie vergessen: Du bist derjenige, der darüber bestimmt, was die Angst mit dir anstellt. Rennst du vor dem bösen Löwen weg oder lächelst du ihm ins Gesicht?

DIE ANGST VOR DEM FINANZIELLEN SCHEITERN

»Es gibt mehr Menschen, die kapitulieren,
als solche, die scheitern«

HENRY FORD

Du wachst nachts schweißgebadet auf, weil du gerade sehr schlecht geträumt hast. Von Rechnungen, die sich auf deinem Schreibtisch türmen.

Von deinem Vermieter, der nachfragt, wann denn die ausstehende Zahlung endlich kommt. Von deiner Krankenkasse, die dich gemahnt hat. Von deinen Freunden, die sich enttäuscht abwenden, weil sie mit einem finanziellen Versager nichts zu tun haben wollen. Von einem Leben am Existenzminimum. Ein echter Alptraum.

Die Angst vor dem Versagen lähmt. Kein Wunder: Finanzielles Scheitern gilt in unserer Leistungsgesellschaft als der größte Makel schlechthin. Immer noch sehen viele Menschen das Einkommen als entscheidendes Kriterium für ihre soziale Rolle und ihr Selbstbild. Alles ist auf Geld, auf Siege, auf gute Noten und ordentliche Abschlüsse getrimmt. Fehler? Scheitern? Nein danke! Kein Wunder, dass Deutschland einer der Staaten mit der geringsten Gründungsbereitschaft ist.

Die herrschende Kultur der Vorsicht und (angeblichen) Sicherheit lässt sich nicht ändern. Genauso wenig wie Freunde und Familienmitglieder, die dir deshalb dringend von der Selbstständigkeit abraten (mehr dazu später). Aber du kannst deine Einstellung hinterfragen. Lohnt es sich, auf eine große Chance zu verzichten, nur weil dir jeder davon abrät? Und wie kannst du es schaffen, die mentale Blockade zu lösen, die dich von deinem großen Vorhaben abhält? Bevor es konkrete Antworten darauf gibt, sollten wir uns einmal die drei Angsttypen ansehen. Aus meiner Erfahrung und vielen Gesprächen zu diesem Thema gibt es im Hinblick auf eine mögliche Selbstständigkeit drei Grundmuster:

TYP 1: ICH KENNE KEINE ANGST

Überhaupt keine Angst zu haben, ist nicht wirklich wünschenswert. Menschen, denen krankheitsbedingt der Mandelkern fehlt – die Region im Gehirn, die für die Furcht zuständig ist – leben meistens kürzer, weil sie viel zu hohe Risiken eingehen. Dieses Phänomen tritt aber nicht so oft auf. Doch im Hinblick auf die Selbstständigkeit gibt es nahezu furchtlose Menschen. Meist liegt das daran, dass sie aus Unternehmer-Familien kommen und deshalb gedanklich eine ganz andere Herangehensweise haben. Oder ihr finanzielles Polster ist so groß, dass sie ein Scheitern ohne Wimpernzucken verkraften könnten. Da du gerade dieses Buch liest, gehe ich davon aus, dass du nicht zu dieser Gruppe gehörst. Also stellt sich die Frage: Bist du eher Typ 2 oder Typ 3?

TYP 2: ICH HABE ANGST, ABER ICH STELLE MICH DER HERAUSFORDERUNG

Typ 2 will es wissen. Obwohl er aus einem sicherheitsorientierten Ange-stellten-Milieu kommt. Noch niemand aus seiner Familie oder von seinen Freunden hat sich selbstständig gemacht. Deshalb hat er einen Heiden-respekt vor all den Herausforderungen des Unternehmertums. Aber er liest wahnsinnig viel zum Thema, belegt Kurse, vernetzt sich, lässt sich von erfolgreichen Entrepreneuren inspirieren. Natürlich hat er Angst vor dem Scheitern und ist sich des hohen Risikos bewusst, lässt sich aber von all den Zweifeln und Bremsern nicht vom Traum des selbstbestimmten Lebens abhalten.

TYP 3: MEINE ANGST VERSETZT MICH IN EINE SCHOCKSTARRE

Typ 3 träumt von der Selbstständigkeit. Doch es wird immer ein Traum bleiben. Er hat Ideen, vielleicht sogar ein ganz nettes finanzielles Polster. Aber diese verdammte Angst bremst ihn aus. Sie versetzt ihn jedes Mal in eine Schockstarre, wenn er sich dem Thema näher zuwendest. Gäbe es das Risiko des Scheiterns nicht, hätte er schon längst drei Firmen ge-gründet. Doch wenn er die Geschichte zu Ende denkt, landet er immer wieder beim selben lähmenden Gedanken: »*Was ist, wenn ich versage?*« Alle positiven Ansätze und alle Chancen kommen dagegen nicht an. Egal, wie frustriert er vom Angestelltenjob bist: Er schafft es einfach nicht, diese mentale Hürde zu nehmen.

Ich habe in all den Jahren schon so viele potenzielle Unternehmer kennen-gelernt, die ihr Leben lang angestellt bleiben werden. Was ist der Grund da-für? Ganz einfach: Wir überschätzen in der Regel bei neuen Herausforde-rungen die Gefahr und unterschätzen die Chancen. Und vergessen dabei, dass das eigentliche Scheitern darin besteht, wenn wir uns aus Angst vor Misserfolg von etwas Wichtigem abhalten lassen, anstatt es zu probieren.

Ich war auch mein Leben lang der klassische Typ 3. Unzählige Geschäftsideen an gemütlichen Kneipenabenden hatten keine Chance gegen das übergroße Sicherheitsbedürfnis und die angenehme monatliche Gehaltszahlung. Inzwischen habe ich einen komplett neuen Umgang mit der Angst gelernt. Ich weiß inzwischen, welche großen Möglichkeiten das Leben für Menschen bereithält, die sich nicht mehr von der lähmenden Angst abhalten lassen.

Deshalb stelle ich hier einige Lösungsansätze vor, wie du die Angst vor dem Scheitern in den Griff bekommen und selbst vom Typ 3 zum Typ 2 werden kannst.

DAS PROBLEM ZU ENDE DENKEN

Wie ich vorher schon beschrieben habe, hilft folgende Frage: »*Was ist das Schlimmste, was passieren kann?*« Auf meinen Fall bezogen lautet die Antwort: Meine Selbstständigkeit wirft erst einmal nicht genug ab, um allein davon leben zu können. Ich habe ein paar Reserven, sodass ich nicht verhungern muss. Also suche ich mir einen Brotjob (zum Beispiel Kellnern), um meinen Businesstraum nicht vorzeitig begraben zu müssen.

ÜBERLEGEN, WIE WAHRSCHEINLICH DAS EINTRETEN DES SCHLIMMSTEN FALLES IST

Komplett negativ gedacht, stünden der finanzielle Ruin und die Inanspruchnahme von Hartz IV am Ende der Negativliste. Wie wahrscheinlich ist das, wenn ich gut ausgebildet, clever, arbeitswillig und mutig bin? Wieso sollte ich nie mehr Geld verdienen, nur weil ich ein Unternehmen in den Sand gesetzt habe?

NICHT DIE GEFAHR, SONDERN DIE CHANCEN SEHEN

Zugegeben, mir fällt die Vorstellung aktuell noch schwer, aber Fakt ist: Mit meiner Selbstständigkeit habe ich die Chance, in Einkommensbereiche vorzudringen, von denen ich als Angestellter nur geträumt habe. Und ich kann ein freies, selbstbestimmtes Leben führen. Das ist bei mir der Punkt, der alle Furcht zur Seite schiebt. Von diesem positiven Gedanken geht so eine große Kraft aus, dass die Angst nicht dagegen ankommt.

ZU WISSEN, DASS EIN MISSERFOLG NICHT DAS ENDE DES LEBENS IST

Das Leben ist ein dauernder Lernprozess. Jeder Erfolg ist mit Misserfolgen und Fehlern verbunden. Könnte nicht das erstmalige Scheitern ein Ansporn für einen neuen Anlauf sein? Ich denke: Alles, was ich auf dem Weg in die Selbstständigkeit lerne, gehört zu den wertvollsten und interessantesten Erfahrungen meines Lebens. Die kann mir keiner mehr nehmen.

GUT ZU SICH SELBST SEIN

Ich mache mein Selbstbild nicht mehr von äußeren Faktoren wie Geld abhängig. Ich weiß, was ich kann und was ich schon alles geschafft habe, welche Hürden ich schon genommen habe, wie oft ich mich aus schwierigen Situationen gekämpft habe und welch wertvoller Mensch ich bin. Mir hilft das ungemein, um voller Überzeugung mein Credo aussprechen zu können: Ich kann meine Ziele erreichen, wenn ich es wirklich will.

DER PERFEKTION DEN MITTELFINGER ZEIGEN

Ich bin nicht perfekt. Und werde es auch nie sein. Niemand ist perfekt. Perfektionsstreben ist eine Geißel der Menschheit und raubt uns aus Angst vor dem Misslingen die Tatkraft. Ich kann viele Dinge nicht und habe einige Marotten. Aber soll ich mich deshalb vom großen Traum abhalten lassen? Ich mache die Dinge, so gut ich kann und zeige der Perfektion den Mittelfinger.

AUF DAS PFEIFEN, WAS ANDERE SAGEN

Ob mich die Meinung meines Nachbarn, Ex-Kollegen, entfernten Verwandten oder von wem auch immer interessiert, der mir nichts zutraut? Nein, tut sie nicht. Es ist mein Leben, mein Freiheitswille, mein Mut, meine Entscheidung. Oder anders gesagt: Ich soll ernsthaft meine Pläne hinterfragen, weil jemand, der sich seit 25 Jahren mit Widerwillen täglich ins Büro quält, mir keinen Erfolg zutraut?

KEINE CHANCE DEN BREMSERN

Hast du Folgendes beobachtet? Je konkreter deine Pläne für die Selbstständigkeit werden, desto mehr Gegenwind bekommst du. Solange du dich noch im »Man könnte doch mal«-Status befindest, klopfen dir viele auf die Schulter und loben dich für deine guten Ideen. Warum? Meine These: Weil alle deine Freunde, Kollegen oder Familienmitglieder davon ausgehen, dass du sie eh nicht verwirklichst. Sie selbst träumen manchmal von einem anderen Leben, würden sich aber niemals eine Veränderung zutrauen. Weshalb solltest also ausgerechnet du aus der Reihe ausscheren und deinen Angestellten-Job mit regelmäßigem Gehalt aufgeben?

Dass du unbedingt raus aus der Mühle und selbstbestimmt leben willst, erzählst du am Anfang wahrscheinlich nur deinem engsten Freundes- oder Familienkreis. Mit der Zeit werden es immer mehr Menschen, die davon erfahren. Plötzlich musst du dich in jedem Gespräch rechtfertigen. Du wirst ziemlich viele Gründe hören, warum deine Mission im Vorhinein zum Scheitern verdammt ist. Und vor allem, dass es doch »in diesen Zeiten« vollkommen verrückt sei, einen sicheren Angestelltenjob zu kündigen. Ein paar Freunde werden dich zwar bedingungslos unterstützen, doch möglicherweise wird der große Rest fassungslos den Kopf schütteln. Selbst habe ich diese Erfahrung zum Glück nur in einem geringen Maß gemacht. Aber fast alle Geschichten, die ich über das Thema gehört habe, laufen leider nach diesem Schema ab.

Sei vor allem bei deinen Eltern auf eine negative Reaktion gefasst. In den meisten Fällen ist das nicht böse gemeint. Denn die Kriegs- und Nachkriegsgeneration kennt kaum ein anderes Modell, als nach der Ausbildung in eine sichere Anstellung zu gehen und bis zur Rente an dem Status nichts zu ändern. Eine Generation, der Sicherheit und Vorsicht viel näher liegt als Freiheitsdenken. Und die je nach Alter in ihrem Berufsleben gar nicht mehr mitbekommen hat, welcher Druck heutzutage in der nur noch am schnellen Profit orientierten, globalisierten Arbeitswelt auf den Arbeitnehmern lastet. Geschweige denn weiß, zu welch erbärmlichen Konditionen inzwischen top ausgebildete, hoch motivierte junge Menschen eingestellt werden.

Warum ist eigentlich die Kultur hierzulande so geprägt vom Sicherheitsdenken und der panischen Angst vor dem Scheitern? Meine Meinung dazu: Weil wir durch Politik und Medien ganz bewusst in einer ständigen, unterschwelligen Angst gehalten werden. Immer und immer wieder wird uns klar gemacht, wie unfassbar viele Gefahren das Leben für uns bereithält und dass wir stets mit irgendeiner Katastrophe rechnen müssen. Geschätzt 95 Prozent der Nachrichten bestehen aus solchen Meldungen und den passenden Reaktionen der Politiker. Wir erfahren dauernd von den Risiken und erhalten unzählige Tipps, wie wir uns dagegen wappnen sollen. Aber wann hören und sehen wir mal etwas von Chancen, echten Erfolgsgeschichten, Querdenkern und Freiheitsliebenden? Sehr selten. Weil frei denkende Menschen eine Gefährdung für das System der Angepassten sind.

Die Angst, die wir so häufig spüren – insbesondere vor der Selbstständigkeit –, ist also zum Großteil anerzogen und durch das vorherrschende Denken unserer Gesellschaft bestimmt. Jeder, der ausschert, wird argwöhnisch begutachtet und muss sich für seinen Freiheitsdrang rechtfertigen. »Hauptsache irgendein Job« hat sich fest in den Köpfen der meisten Menschen verankert. Ganz egal, ob sie dabei erniedrigt und ausgebeutet werden oder gesundheitlich daran kaputt gehen. Ich selbst bin das beste Beispiel dafür. Erst am tiefsten Punkt meines Lebens habe ich kapiert, was die moderne Arbeitswelt mit mir und meiner Gesundheit angerichtet hat.

Im Gegensatz zu vielen früheren Kollegen mit einer ähnlichen Leidensgeschichte habe ich den Absprung geschafft. Der Grund ist ganz einfach: Ich wollte nicht mehr einsehen, warum es für mich auf der ganzen Welt nur einen Beruf und nur genau diese Verdienstmöglichkeit geben soll. Ich habe begriffen, dass mein Leben so unendlich viele Möglichkeiten bietet, wenn ich mich aus dem allgemein gültigen Sicherheits- und Angstdenken befreie. Vier Dinge haben mir sehr dabei geholfen, nicht mehr auf die Bedenkenträger zu hören und unbeirrt meinen Weg zu gehen. Diese Tipps kann ich dir uneingeschränkt empfehlen:

SAUGE ALLES AUF, WAS DIR ZUM THEMA SELBSTBESTIMMTES LEBEN, UNTERNEHMERTUM, PERSÖNLICHKEITSENTWICKLUNG UND FREIHEITLICHES DENKEN IN DIE HÄNDE FÄLLT

Ob du es glaubst oder nicht: Den ersten Kontakt zu dem Thema habe ich über Earthcity bekommen. Ein Freund, der gerade eine Weltreise plante, hatte auf Tims Seite »Gefällt mir« geklickt. In diesem Moment hat es bei mir auch Klick gemacht. Plötzlich tauchte eine ganz neue Welt vor mir auf, als ich die Artikel las. Die Links darin führten mich zu weiteren hoch interessanten Blogs. Überall stieß ich auf faszinierende Buchtipps. Der Staudamm der eingeschränkt-ängstlichen Gedankenwelt des Angestellten war gesprengt und überflutete mich mit elektrisierenden Informationen. Seitdem lese und lese und lese ich – ergänzend gibt es noch großartige Filme, Dokus, Podcasts und Videos zu dem Thema – und habe auch nach eineinhalb Jahren nicht ansatzweise das Gefühl, dass ich genug davon bekommen könnte. So viele verschiedene Ansätze, so viele Inspirationen und vor allem so viel Motivation von Menschen, die es geschafft haben oder sich zumindest auf den Weg gemacht haben.

SUCHE DIR IM INTERNET DIE PASSENDEN COMMUNITYS UND TAUSCH DICH MIT MENSCHEN AUS, DIE ÄHNLICHES VORHABEN

Die sozialen Netzwerke sind nicht nur dazu da, sein Essen zu fotografieren oder Urlaubsbilder ins Netz zu stellen. Nirgendwo ist es einfacher, sich mit Gleichgesinnten auszutauschen, Kontakte zu knüpfen, Ideen vorzustellen oder Hilfe zu bekommen. Ich kann es manchmal gar nicht fassen, wie viele wertvolle Menschen ich in so kurzer Zeit kennengelernt habe. Freundschaften und Business-Ideen sind daraus entstanden. Und die Gewissheit, dass ich auf meinem Weg sicher nicht allein bin.

TRIFF DICH MIT ANGEHENDEN UNTERNEHMERN, SELBSTSTÄNDIGEN UND FREIDENKERN

Der virtuelle Raum ist zwar wunderbar, aber viel schöner ist doch die Möglichkeit zu persönlichen Gesprächen. Ich genieße die Gespräche mit anderen angehenden Unternehmern oder solchen, die schon länger selbstständig sind und profitiere von jedem einzelnen Treffen. Wenn du noch niemand in deinem Umfeld kennst, geh zu speziellen Veranstaltungen für Gründungswillige, triff dich mit Gleichgesinnten, die du im Internet kennengelernt hast oder schau mal, ob du nicht eine passende Gruppe bei XING findest, die regelmäßig Treffen in deiner Nähe organisiert.

SETZ DIE SCHEUKLAPPEN AUF UND REDUZIERE DEN KONTAKT ZU DEN BREMSERN, ZWEIFLERN UND BEDENKENTRÄGERN

Für mich stellt das die wichtigste Lektion dar. Auf dem Weg in die Selbstständigkeit lässt sich ziemlich schnell feststellen, welche Menschen einem gut tun und welche nicht. Wenn ich mich nicht von meinem Kurs abbringen lassen will, bleibt mir keine andere Wahl, als den Kontakt zu den Zweiflern zurückzufahren. Zumindest zeitweise. Sonst würde ich mich viel zu viel meiner wertvollen Zeit damit beschäftigen, mich zu rechtfertigen. Schlimmstenfalls würden es die penetranten Bremser schaffen, dass ich wieder zu zweifeln beginne und alles in Frage stelle. Meinen Traum will ich mir nämlich nicht von notorischen Bedenkenträgern zerreden lassen. Ich habe schon lange die Scheuklappen aufgesetzt und baue konsequent nur noch auf die Menschen, die mich unterstützen, motivieren und voranbringen.

ES GIBT KEINE SICHERHEIT, AUCH NICHT IN DER ALTERSVORSORGE

Die Rente: Ist sie nicht das perfekte Beispiel für die Ruhigstellung der Angestellten? Sie funktioniert ganz einfach: Ich muss mir nur mein ganzes Leben lang – am besten über 40 bis 45 Jahre hinweg und ohne Unterbrechungen – den Rücken krumm buckeln, dann gibt es auf die alten Tage eine schöne Belohnung von Vater Staat. Soweit die Theorie, die für die Generation der heutigen Ruheständler auch in der Praxis gut funktioniert hat.

Aber wie sieht es aktuell aus? Was hat ein Angestellter, der heute 30 Jahre alt ist, in rund 40 Jahren zu erwarten? Darüber streiten sich die Experten. Was aber sicher scheint: Die komfortablen Altersbezüge der vergangenen Jahrzehnte wird es nicht mehr geben. Die Gründe dafür:

· Das Rentenniveau ist seit 1985 beständig gesunken – Tendenz anhaltend.
· Da der Staat die Beitragszahler in die Rentenversicherung nicht über ein bestimmtes Maß hinaus belasten will, bleibt als einzige Möglichkeit eine ständig weitere Absenkung des Rentenniveaus.
· Schon heute reichen die Einnahmen aus der Rentenversicherung bei Weitem nicht mehr aus, um die Renten auszuzahlen. Bedenkt man, dass auch das Kranken- und Pflegesystem am Anschlag ist, wird der Staat kaum Luft haben, noch mehr Geld aus anderen Steuereinnahmen in die Rente zu pumpen.
· Die demografische Entwicklung spricht Bände: Immer mehr Rentner, die immer älter werden, stehen auf Dauer immer weniger aktiven Arbeitnehmern gegenüber. Einzig über die Zuwanderung scheint dieses Problem abgemildert werden zu können.

Was heißt das nun für mich als angehenden Selbstständigen? Ganz einfach: Wenn selbst der frühere Arbeitsminister Norbert Blüm sein jahrzehntelanges Credo »*Die Renten sind sicher*« aufgibt, so wie kürzlich geschehen, brauche ich mir auch keine größeren Gedanken darüber machen. Wenn mich jemand fragt: »*Aber was ist dann mit deiner Rente?*«, antworte ich grundsätzlich: »*In 30 bis 40 Jahren bekommen außer den Beamten alle nur noch die Grundsicherung.*« Zugegeben, das ist ein wenig provokativ. Ich bin schließlich auch kein Hellseher.

Was ich damit sagen will: Wer nicht mehr ansatzweise davon ausgehen kann, dass ihm die staatliche Rente im Alter ein ordentliches Leben gewährleistet, für den kann und darf die Renten-Überlegung kein Hindernisgrund auf dem Weg in die Selbstständigkeit sein. Die Rente ist nicht sicher. Wahrscheinlich liegen in ein paar Jahrzehnten die meisten Renten kaum über dem Minimum. Also lohnt es sich mit Sicherheit nicht, nur der Rente wegen in einem Angestellten-Job zu bleiben, den man schon lange nicht mehr ausstehen kann.

Einmal positiv gesehen: Wer sich nicht gerade für eine Sparte entscheidet, in der er auch als Selbstständiger rentenversicherungspflichtig ist, muss nicht mehr in ein marodes System einzahlen, von dem er am Ende wahrscheinlich eh nicht mehr profitiert. Der Jungunternehmer kann selbst entscheiden, in welche Produkte er das Geld für die Altersvorsorge steckt – ob in Aktienfonds, Immobilien, Sparbriefe oder vielleicht auch Whisky. Und wenn das Business so richtig ins Laufen kommt, gibt es Einkommensmöglichkeiten, von denen der Angestellte meist nur träumen kann. Folglich bleiben dann auch mehr Optionen zur Vorsorge.

Der Nachteil an der Selbstständigkeit: Niemand führt mehr automatisch Sozialversicherungsbeiträge für dich ab. Du bist selbst dafür verantwortlich, dich um deine Altersvorsorge zu kümmern. Die Einschätzung wird gar nicht so leicht fallen, wie viel du später brauchst und wie viel du deshalb sparen musst.

Vielleicht überfordert das Thema dich gerade, weil du zu Beginn eh keinen Cent für die Vorsorge übrig hast. Das ist nicht schlimm und geht mir gerade ganz genauso. Also lautet mein Rat: Vergiss erst einmal die Rente oder Altersvorsorge. Steck all deine Energie in dein Business und konzentriere dich auf das Wesentliche. Wenn du dich dann freigeschwommen hast, ergibt sich der Rest von selbst. Immer ein Schritt nach dem anderen. So wie es Beppo der Straßenkehrer in dem wunderbaren Buch *Momo* von Michael Ende beschreibt: »*Man darf nie an die ganze Straße auf einmal denken, verstehst Du? Man muss nur an den nächsten Schritt denken, den nächsten Atemzug, den nächsten Besenstrich. Und immer wieder nur den nächsten.*«

Spürst du bei dem Thema trotzdem noch eine große Unsicherheit, die dich belastet? Das ist absolut okay und auch verständlich. Aber genauso, wie du auf dem Weg zum Unternehmer die Angst vor dem Scheitern annehmen musst, solltest du auch die Unsicherheit bei der Altersvorsorge akzeptieren. Was nutzt es denn, dir heute darüber Gedanken zu machen, was in 30 oder 40 Jahren sein könnte? Die Welt ist im Umbruch, der Kapitalismus in der Krise, große Veränderungen scheinen unausweichlich auf uns zuzukommen. Ich persönlich lehne es inzwischen ab, mir Sorgen um Dinge zu machen, die weit außerhalb meines Einflussvermögens und viel zu weit in der Zukunft liegen. Mit einer Nachrichten-Nulldiät, die ich schon länger praktiziere, gelingt das außerordentlich gut.

Altersvorsorge wird natürlich immer ein zentrales Thema bleiben. Sich der Bedeutung bewusst zu sein, ist gut, richtig und wichtig. Schließlich will keiner von uns später frierend in irgendeiner abgehalfterten Bruchbude wohnen, sondern den Lebensabend ohne Sorgen und unter würdigen Umständen verbringen. Aber lohnt es sich wirklich, sich darüber ununterbrochen Gedanken zu machen? Ich meine: Nein.

LÄSST SICH OPTIMISMUS OPTIMIEREN?

Nachdem ich meinen Redakteursjob gekündigt hatte, bin ich ein halbes Jahr lang mit meinem VW Bus durch Europa gegondelt. Das Wetter zeigte sich meistens von seiner fantastischen Seite, ich genoss Freiheit und traumhafte Landschaften. Als Neu-Blogger tippte ich fleißig Texte von unterwegs über meine Lebensgeschichte, meine Tour und was danach so kommen wird. Bei einem Artikel über meine künftige Selbstständigkeit setzte ich meinen Lesern im Überschwang der Gefühle Folgendes vor: *»Ich werfe 100 Prozent Fleiß, 100 Prozent Überzeugung, 100 Prozent Mut und 100 Prozent Motivation in die Waagschale.«* Daraufhin schrieb mir ein Freund, selbst freiberuflicher Anwalt, eine Nachricht mit den Worten: *»Theoretisch ist das machbar. Wenn du praktisch im oberen Drittel deiner Ansprüche landest, kannst du immer noch sehr zufrieden sein.«*

Zurück im kalten Deutschland und gestützt auf meine ersten Erfahrungen im Home-Office, gebe ich ihm zu 100 Prozent Recht. Ich lache über meinen Satz von damals und frage mich, ob ich da nicht einen kleinen Sonnenstich hatte. Im Rückblick auf die vergangenen Monate musste ich nämlich feststellen, dass mir mein grenzenloser Optimismus gar nicht gut bekommen ist. Sondern mich massiv unter Druck gesetzt hat, weil ich meine eigenen hoch gesteckten Erwartungen nicht erfüllen konnte. Bis ich das kapiert habe, mussten genug Tage voller endloser To-do-Listen, Unmotiviertsein wegen mangelnder Fortschritte und einer gewissen Frustration ins Land ziehen.

Was ich daraus als wichtigste Botschaft gelernt habe? Gesunder Optimismus hilft mir weiter. Ich habe ein großes Urvertrauen, dass die Dinge, die ich anpacke, auch gelingen. Unrealistisch-überzogener Optimismus kann allerdings ungesund sein und hindert eher. Ich hatte in all meiner Euphorie verdrängt, dass zwischen Blogschreiben in Strandnähe und der Vorbereitung der Selbstständigkeit am eigenen Schreibtisch doch Motivations-Welten liegen. Auch neue Thesen aus der Wissenschaft sagen, dass blindes positives Denken krank machen kann. Weil es uns eben nicht immer gleich gut geht, weil wir nicht immer gleich motiviert sind, weil wir nicht immer nur positive Gefühle haben, weil wir auch mal traurig, wütend und schmerzerfüllt sind. An solchen Tagen ist eben nicht alles rosig – das können wir uns in dem Moment auch nicht einreden – und wir sind auch nicht annähernd bei 100 Prozent unserer guten Vorsätze.

Das Wichtigste ist also, die negativen Gefühle – auch bei Misserfolgen – als das anzunehmen, was sie sind: unvermeidbar. Rückschläge sind Teil des Lebens. Wir müssen von ihnen lernen, um langfristig erfolgreich und zufrieden zu sein. Jetzt kommt das noch Wichtigere: Du darfst wegen eines Misserfolgs, einer Niederlage, eines schlechten Tages voller Hader und Zweifel nicht dich, dein Leben, dein Projekt oder deine Geschäftsidee in Frage stellen. Gesunder Optimismus zeigt sich genau in diesen Zeiten dadurch, dass du die Verantwortung für dein Leben in der Hand behältst, nicht vorzeitig aufgibst, sondern weiter fest von deinem Vorhaben überzeugt bist.

Wie das geht? Für mich funktioniert das hauptsächlich über die Selbstakzeptanz. Einfacher ausgedrückt: Ich bin gut zu mir. Und tue konsequent

Dinge, die mir gut tun. Ich bin in der Früh der Erste, dem ich begegne und mit dem ich auskommen muss und abends der Letzte, dem ich Gute Nacht sage. Wieso sollte ich den wichtigsten Menschen in meinem Leben ständig mit Vorwürfen quälen oder ihn für irgendwelche großen und kleinen Fehler beschimpfen? Wenn ich das bei anderen beobachte, frage ich mich immer: Könnten sie anderen Menschen gegenüber je so kritisch sein? Und wie wollen sie dem Leben gegenüber positiv eingestellt sein, wenn sie es nicht einmal sich selbst gegenüber sind?

Ein positives Selbstbild lässt sich nicht herbeizaubern. Ein Hexenwerk ist es aber auch nicht. Ich weiß, wovon ich rede. Bis vor zwei Jahren habe ich mich regelmäßig selbst zerfleischt und mich durch diese innere Unzufriedenheit komplett blockiert. Innerhalb von nur wenigen Wochen therapeutischer Behandlung hat sich das Blatt komplett gedreht. Inzwischen muss ich eher aufpassen, dass ich vor lauter Selbstbegeisterung nicht in den oben genannten unrealistischen Optimismus verfalle. Aber in der Regel habe ich das schon im Griff. Ohne mein Selbstvertrauen wäre ich dem Leben und seinen Herausforderungen gegenüber lange nicht so positiv eingestellt. Was wiederum bedeutet, dass ich ohne meinen gesunden Optimismus niemals das Wagnis der Selbstständigkeit eingegangen wäre.

Es gibt einige Dinge, die mir auf dem Weg zu einem positiven Selbstbild und dem damit verbundenen Optimismus sehr geholfen haben und die ich weiterhin konsequent anwende:

STOLZ SEIN

Warum bewundern wir so oft die Leistungen anderer und spielen unsere eigenen herunter? Schluss mit der Bescheidenheit! Das Licht-unter-den-Scheffel-stellen ist eine echt deutsche Krankheit. Sei stolz auf alles, was du schon erreicht hast. Sag dir nach jedem Erfolgserlebnis (und das können auch ganz kleine Sachen sein), dass du stolz darauf bist. Wenn du einmal damit begonnen hast, wirst du feststellen, dass es verdammt viele Dinge gibt, auf die du stolz sein kannst. Du hast dir früher wahrscheinlich oft gedacht: »Ach, das ist doch nichts Besonderes. Ach, das kann doch jeder.« Aber erstens ist es etwas Besonderes, zweitens kann es nicht jeder und drittens: Selbst wenn, wäre das so was von egal. Es zählt einzig, dass DU es geschafft hast.

POSITIVE DINGE TÄGLICH AUFSCHREIBEN

Du kannst positives Denken nur etablieren, wenn du dem Positiven in deinem Leben den entsprechenden Raum gibst. Wie wäre es also, wenn du in Zukunft, statt vor dem Einschlafen zu grübeln, was alles mies gelaufen ist, dir aufschreibst, was dir alles Gutes passiert ist? Und zwar konsequent jeden Abend (nun gut, wenn du von einer Partynacht früh um 4 Uhr heimkommst, hast du vielleicht keine Lust mehr dazu). Du wirst immer Dinge finden, die dir gut getan haben und für die du dankbar sein kannst. Je öfter du sie aufschreibst, umso mehr werden es.

HUMOR

Nun gut, Humor lässt sich nicht erzwingen. Aber selbst, wenn du zu denen gehörst, die eher griesgrämig durch die Gegend rennen, kannst du dein eigenes Tun mit ein wenig Humor betrachten. Du kannst dich für jeden Fehler geißeln. Du kannst aber auch herzlich über ihn lachen. Okay, du hast es verbockt. Na und? Wird dein Leben auch nur einen Deut besser, wenn du dir deine Unzulänglichkeiten immer und immer wieder vorhältst? Im Rückblick geben Dinge, die danebengegangen sind, doch oft die besten und witzigsten Geschichten.

HERAUSFINDEN, WAS DIR GUT TUT UND DEN REST LASSEN

Wenn du ehrlich bist: Wie oft folgst du Einladungen von Bekannten, die dich langweilen? Wie oft schließt du Kompromisse, nur um des lieben Friedens willen? Wie oft sagst du zu etwas Ja, obwohl sich innerlich bei dir alles sträubt? Wie oft hilfst du jemandem, obwohl du eigentlich gar keine Zeit hast? Wenn du dein Handeln nicht nach deinen Bedürfnissen, sondern denen anderer ausrichtest, geht dir viel zu viel positive Energie verloren. Denn du musst gar nichts, außer ein zufriedenes Leben führen und dich um die Dinge kümmern, die dir wichtig sind. Sag dir das gerne immer wieder mal vor: »*Ich muss nichts!*« Für mich ist das DER Schlüssel zu einem positiv ausgerichteten Leben.

Wie du siehst, geht es also gar nicht um »*Tschakka – alles ist super, alles wird perfekt!*« Es geht darum, dass du gut zu dir bist, dass du dir Fehler verzeihen kannst, dass du dich mit positiven Menschen umgibst und dass du deine Erfolge zelebrierst. Ich habe mit der Methode den gesunden Optimismus fest bei mir verankert. Er funktioniert wie eine Grundimmunisierung, damit ich auch an schlechten Tagen meine Ziele nicht aus den Augen verliere. Nur mit den »100 Prozent« werde ich in Zukunft etwas sparsamer umgehen.

RAUS AUS DEM NEGATIVEN GEDANKENKARUSSELL

Es ist gar nicht so einfach, immer positiv gestimmt zu bleiben. Gestern ging es dir noch blendend, du wusstest gar nicht wohin mit all der Energie und Tatkraft. Doch heute ist alles wie weggewischt. Die Sorgen und Ängste kommen mit den üblichen Fragen zurückgekrochen: »*Ist das alles richtig, was ich da tue? Warum tue ich mir das überhaupt an? Wird das alles gutgehen?*« Das Gedankenkarussell dreht sich schneller und schneller. Du schreist »*Anhalten!*«, doch keiner da, der den Stopp-Knopf drückt.

Ich weiß, wovon ich rede, denn ich war der König des Grübelns. Gehörte zum Hochadel der Sich-zu-viele-Gedanken-Macher. Habe Vergangenes nicht aus dem Kopf bekommen und viel zu viel über das Kommende sinniert. Das Problem dabei: Die Gegenwart bleibt auf der Strecke. Also die Zeit, in der du handeln solltest. Das kannst du aber nicht, weil dich das ewige Grübeln blockiert und in die gedankliche Sackgasse führt. Willst du aber etwas Eigenes auf die Beine stellen, kannst du dir solche Phasen nicht allzu lange leisten. Du brauchst einen freien Kopf für all die Herausforderungen, die auf dich zukommen. Was jetzt bitteschön nicht heißen soll, dass du das Nachdenken einstellst und in planlosen Aktionismus verfällst. Planen und Analysieren sind essentielle Dinge. Nur darf es nicht zum Grübeln in der Endlosschleife führen.

Was also tun, wenn es ununterbrochen im Oberstübchen rattert und dir keinen Freiraum mehr für den Blick aufs Wesentliche lässt? Da gibt es sehr viele individuelle Bewältigungsstrategien. Hast du für dich schon die richtige gefunden? Sehr gut! Falls nicht, kommen hier ein paar einfach Dinge, die mir immer dabei helfen, wenn ich wieder den Grübler-Thron besteigen will.

NICHTS WIE RAUS AN DIE FRISCHE LUFT!

Wirklich die simpelste und effektivste Methode. Wenn ich im Home-Office das Gefühl habe, mir fällt die Decke auf den Kopf, marschiere ich für eine kleinere oder größere Runde hinaus in die Natur. Das bewirkt Wunder. Mein Rücken freut sich über die Bewegung. Mein Vitamin-D-Haushalt freut sich über die Sonne (falls sie denn scheint). Und mein Gehirn freut sich über neue Sinneseindrücke und neue Einfälle. Ausgiebige Waldspaziergänge sind für mich ein Hort der Kreativität. Als Ausreden gelten nicht: »Keine Zeit« (wenn du dir als Selbstständiger nicht ganz flexibel ein paar Minuten für einen Spaziergang gönnen kannst, wer denn sonst?) und »schlechtes Wetter« (du kannst ja die Phase des Tages aussuchen, an dem nicht gerade ein Blizzard oder Hagelsturm durch deine Straße fegt).

SPORT TREIBEN

Quasi »Raus an die frische Luft« in etwas schnellerer Variante, zum Beispiel durch Walking, Nordic-Walking, Joggen oder kurz mal aufs Rad setzen. Falls du daheim einen Pool hast oder als digitaler Nomade am Meer lebst, gerne auch Schwimmen oder welche sportliche Tätigkeit dir sonst noch einfällt, die keines allzu großen Aufwands bedarf. Der Vorteil: Sobald du etwas körperlich Anstrengendes machst (als Alternative kannst du gerne auch einen Ster Holz hacken), hast du gar keine Chance mehr zum Grübeln, weil du voll auf deine sportliche Tätigkeit fokussiert bist. Ist bei mir zumindest so. Ablenkung durch Schwitzen sozusagen.

MENSCHEN TREFFEN

Natürlich die Richtigen. Es nutzt nichts, wenn du den ganzen Tag Probleme wälzt und dann zu deiner Mutter fährst, die deine Selbstständigkeit sowieso für vollkommen verrückt hält. Was soll dabei herauskommen außer noch mehr Problemen (möglicherweise ein leckeres Stück Kuchen, das wäre ein Argument)? Wenn ich das Gefühl habe, am eigenen Schreibtisch zu versauern, empfinde ich es als äußerst wohltuend, mit angenehmen Menschen zu reden. Eine Stunde Gespräch außerhalb der eigenen vier Räume in einem Café oder Park lenkt den Blick auf ganz andere Dinge. Und falls du ein konkretes Problem auf dem Herzen hast, bist du der Lösung danach vielleicht ein Stück näher.

ENTSPANNUNGSTECHNIKEN ANWENDEN

Mein absolutes Lieblingsthema. Es gibt kaum eine Sache, die mir mehr dabei geholfen hat, unnötige Ängste loszuwerden, schneller herunterzufahren und eine gelassenere Einstellung zu bekommen. Für mich geht zum Beispiel nichts über Yoga. Aktive Entspannung quasi, die ganz schön schweißtreibend sein kann, aber auch ganz sanft ausgeübt werden kann. Durch die meditativen Elemente des Yoga habe ich sehr viel über die richtige Atemtechnik gelernt. Inzwischen reichen mir schon fünf bis zehn Minuten bewusstes, tiefes Atmen, um mich gedanklich herunterzufahren und in einen entspannten Zustand zu versetzen.

Auch Meditation ist kein Hexenwerk. Es gibt super Einstiegsübungen, die sich mit einem Klick auf deinen Rechner oder dein Smartphone laden lassen und los geht's. Das einzige, was du dazu brauchst, sind fünf Minuten Zeit und eine ruhige Ecke.

Im Bereich der Entspannungstechniken gibt es noch jede Menge anderer Möglichkeiten. Ich musste auch erst eine Weile herumprobieren, bis ich das Passende für mich gefunden habe. Sehr einfach auszuführen ist die Progressive Muskelentspannung. Vielleicht liegt dir auch autogenes Training mehr oder Qi Gong oder Tai Chi?

Ich kann auf alle Fälle jedem nur empfehlen, sich einmal mit dem Thema auseinanderzusetzen, eine für sich passende Entspannungstechnik zu suchen und diese dann regelmäßig anzuwenden. Regelmäßig heißt jeden Tag. Von einmal Meditieren pro Woche darfst du keine Wunderdinge erwarten. Machst du dir aber bewusste Entspannung zur Gewohnheit, kannst du irgendwann selbst den Bremsknopf des Gedankenkarussells drücken. Du entscheidest dich aktiv dafür, innezuhalten und deinem Grübeln Einhalt zu gebieten. Klingt zu schön, um wahr zu sein? Dann probier es einfach aus!

So, das war es jetzt vom Experten in Sachen Angst. Wie du gelesen hast, gibt es kein Geheimrezept, um mit Ängsten umzugehen, aber viele kleine Dinge, die hilfreich sein können. Die gute Nachricht: Das alles ist kein Hokuspokus und hilft tatsächlich. Die schlechte Nachricht: Du kommst nicht drum herum, selbst etwas dazu beizutragen. Und das kann manchmal ganz schön anstrengend sein, darf ich dir verraten. Gegen die Angst gibt es leider noch keine App. Andererseits wäre das Leben ohne die ganz besonderen Herausforderungen doch langweilig. Oder?

KAPITEL 7

BLICK NACH VORN

WIE MÖCHTEST DU LEBEN?

Dieses Buch richtet sich an alle, die in irgendeiner Form unternehmerisch tätig werden wollen, um sich mehr Freiheit zu verschaffen und nach eigenen Regeln das Leben zu gestalten. Ich habe mich hier gezielt nicht nur an Freelancer, nur an Solopreneure oder nur an Unternehmer gewendet. Die Ambitionen können sich stark unterscheiden. Wem zeitliche Freiheit das höchste Gut ist, der wird auch entsprechend weniger Energie ins unternehmerische Wachstum stecken. Darum ist es eben so wichtig, dass du dir genau überlegst, wie dein Leben im Konkreten aussehen soll.

Für mich stand von Anfang an fest, dass ich meine Unternehmungen auf eine Weise strukturieren muss, die mich von örtlichen Bindungen weitestgehend befreit. Dazu wechsle ich einfach viel zu gerne den Aufenthaltsort. Somit war klar, dass alle Elemente wegfallen, die nur mit einem festen Büro funktionieren. Für mich als Architekt bedeutete dies, dass ich nicht auf Baustellen kommen kann. Auch feste Mitarbeiter kamen nicht in Frage. Glücklicherweise gibt es rund um die Architektur genug andere Bereiche, die auch virtuell abgewickelt werden können. Gibt es in deiner Branche auch Bausteine, die du anbieten kannst? Bevor du beginnst loszulegen, beantworte unbedingt die Frage:

WAS IST DEIN ZIEL? WIE WILLST DU LEBEN? WIE VIEL FREIHEIT BRAUCHST DU WIRKLICH?

- Willst du vom Self Publishing leben, um mehrere Monate im Jahr in Australien Schafe hüten zu können?
- Willst du für dein Kind da sein können und die Arbeit einfach auf den Abend verlegen?
- Oder einfach ab und zu die Arbeit mit ins Bälleparadies nehmen?
- Willst du deine eigene Firma gründen, um voll in deiner unternehmerischen Tätigkeit aufzugehen?
- Willst du ins Ausland ziehen, weil du dich unsterblich verliebt hast?
- Willst du von zu Hause arbeiten, weil dein Dackel nicht allein sein kann und ständig bellt?

Egal was. Überlege dir zuerst genau, wie dein Leben aussehen soll, um dann zu überlegen, wie hoch du deine unternehmerischen Ambitionen setzt. Freelancer, Solopreneur, Unternehmer? Auch in der Festanstellung kann man glücklich sein. Man muss sich nicht zwangsläufig zwischen Selbstständigkeit und Festanstellung entscheiden. Es gibt auch Mischmodelle, die gut funktionieren. Freelancer-Netzwerke, die sich gemeinsam nach Außen verkaufen, oder Festanstellung mit weitreichenden Freiheiten. Bevor du also von großen Unternehmungen träumst, überlege dir, ob du auch die Konsequenzen akzeptieren kannst. Ein Autor im Self Publishing mag weniger verdienen als der Eigentümer eines großen Onlineshops, aber er hat definitiv auch wesentlich weniger Verpflichtungen. »Lifestyle Business« bedeutet, dass du dir ein Business baust, das deinen idealen Lifestyle ermöglicht. Was ist dein idealer Lifestyle?

AUSBLICK INS JAHR 2050

2050. Das ist gar nicht mehr so weit weg. Ich werde dann meinen 70. Geburtstag feiern. Hoffentlich irgendwo am Strand, mit vielen Menschen um mich herum, die ich mag. Wie sich bis dahin die Welt des ortsunabhängigen Arbeitens entwickelt hat, ist schwer einzuschätzen. Fest steht: Sollte die technische Entwicklung in diesem Tempo weitergehen, wird es für eine breite Masse völlig normal sein, örtlich ungebunden arbeiten zu können. Dass klassische Bürostrukturen irgendwann nicht mehr zeitgemäß sind, ist abzusehen. Vielmehr sind sie es ja heute schon nicht mehr, aber die Veränderungen kommen erst langsam in den Köpfen der Chefetagen an. Ganz langsam.

Ich erinnere mich, dass mir in meiner letzten Festanstellung in einem großen Konzern einmal, als es um die Aufstellung des Unternehmens ging, eine Amöbenstruktur in einer Präsentation gezeigt wurde, die die Firma als »bewegliche Großstruktur« darstellen sollte. Begleitet wurde das Bild von dem Satz: »*Unsere Firma ist geprägt durch die flexible und dezentrale Firmenstruktur sowie durch die Unternehmensphilosophie, welche den Menschen in den Vordergrund stellt.*« Rückblickend muss ich lachen, wenn ich daran denke. Es gab feste Arbeitszeiten. Wollte man mal früher gehen, wurde man böse angeguckt. Sozialer Druck eben. Zudem gab es eine sehr klare Hierarchie. Zumindest indirekt. Unternehmen sehen sich gern als flexible Strukturen an, sind es aber in den seltensten Fällen.

Dabei ist das Bild dieser Amöbenstruktur ziemlich klug. Es wurde aber nicht wirklich gelebt. Ich bin davon überzeugt, dass sich dies langfrisitig ändern wird. Erste, tatsächlich vorwärtsdenkende Unternehmen haben hier schon die richtigen Schritte eingeleitet. Arbeiten kann man, von wo aus man möchte. Das Büro ist vielmehr eine Art Co-Working, in dem man sich zu Meetings einfindet, oder um Dinge vor Ort zu besprechen oder Kunden zu empfangen. Wenn ich aber fünf Tage hintereinander Daten in einer Excel-Liste eintragen und höchstens zweimal einen Kollegen nach etwas fragen muss: Warum zum Teufel muss ich heutzutage dafür in ein Bürogebäude fahren, wenn ich es bequem von zu Hause aus machen kann?

2050. Für die breite Masse der Schreibtisch-Arbeiter wird der Ort des Schreibtischs an Relevanz verlieren. Kunden und Termine werden für manch einen nach wie vor die Flexibilität einschränken. Für andere wiederum, teils auch in klassischen Jobs, wird sich völlige Ortsunabhängigkeit beim Arbeiten breitmachen. Für Freelancer sowieso.

Dass dies zu weltweiten Wanderungen führt und reiche Nordeuropäer sich massenweise in wärmere, günstigere Gefilde absetzen, ist unwahrscheinlich. Aber die Zahl derer, die dies tun, wird sicher deutlich mehr. Nicht abzusehen ist, wie sich das Thema der Visa-Restriktionen entwickelt. Die wenigsten Menschen auf der Welt haben es so gut wie wir, wenn man sich die heutigen Visa-Bestimmungen weltweit ansieht. Als Europäer dürfen wir in die meisten Länder der Welt visafrei einreisen. Das ist aber überhaupt nicht die Regel. Für viele Menschen aus Ländern wie den Philippinen, Venezuela oder Bangladesch herrschen weltweit extrem strenge Einreisebestimmungen. Selbst wenn sie wollten, könnten sie ihr Land gar nicht verlassen. Um beispielsweise ein Schengen-Visum zu bekommen, müssen sie für dortige Verhältnisse unglaublich hohe Summen an Bargeld nachweisen.

Vermutlich wird es auch im Jahre 2050 noch Visa-Restriktionen geben. Vielleicht sogar wieder mehr als heute, ich halte das nicht für ausgeschlossen. Es ist zu erwarten, dass Armutsunterschiede zwischen einigen Ländern eher wachsen und die vermeintlich reichen Länder sich weiter abschotten. Aber wer weiß das schon.

Home-Office wird zumindest im Jahre 2050 völlig normal sein. Wir, als Portfolio-Menschen, werden viele verschiedene Jobs und Tätigkeiten in unserem Leben durchlaufen. Manche davon werden sogar sicher sehr verschieden sein. Wer die Bedeutung von lebenslangem Lernen begriffen hat, wird zu den Gewinnern gehören und sich immer wieder neu anpassen können. Wenn es einen »sinnvollen« Sinn im Leben gibt, dann ist es die persönliche Weiterentwicklung, denn die ist eine gute Investition auf vielen Ebenen.

Aber warten wir es ab, vielleicht liege ich ja auch falsch.

99 JAHRE UND WAS AM ENDE BLEIBT

Die durchschnittliche Lebenserwartung in Deutschland ist seit Beginn des 20. Jahrhunderts um mehr als 30 Jahre gestiegen. Aktuell liegt sie bei 82 Jahren für Frauen und 77 Jahren für Männer.

30 Jahre! Eine unglaubliche Zahl. Bis 2050 wird eine weitere Verlängerung um 6 Jahre erwartet. Der medizinische Fortschritt und unser etwas gesünderer Lebensstil sind dafür sicherlich die Hauptverantwortlichen. Als Mann werde ich also im Jahre 2050 eine Lebenserwartung von 83 Jahren haben, also rein statistisch noch 13 weitere Jahre vor mir haben. Mein »durchschnittlicher« Todeszeitpunkt läge somit im Jahr 2063. Das sind von heute an noch 48 Jahre, die ich zu meiner freien Verfügung habe. Zu bedenken ist jedoch, dass ich durchschnittlich die letzten 10 Jahre davon nicht mehr besonders gut gehen können werde, meine Knochen nicht mehr so mitmachen und ich auf Hilfe anderer angewiesen bin.

Es kann aber natürlich auch völlig anders kommen. Ich könnte morgen vormittag ungeschickt im Badezimmer ausrutschen und mit dem Kopf auf der Duschwannenkante aufschlagen. Oder auf dem Weg zum Supermarkt von einem Auto erfasst werden. Theoretisch alles möglich. Statistische Werte sind eben am Ende nicht viel wert, wenn es um das Individuum geht. Trotzdem ist es gut, sich einfach mal zu überlegen, wie lange man statistisch noch zu leben hätte. Denn es ist ein Faktor, der unbedingt bei der Lebensplanung mehr Beachtung finden sollte. Wir leben eben nicht ewig und der Moment ist wichtiger als die Zukunft.

Vielleicht findest du es erschreckend, sich über die eigentliche Endlichkeit so intensiv Gedanken zu machen. Ich kann das verstehen und habe es lange auch nicht getan. Aber ich kann es nur wärmstens empfehlen.

Das ist so wie mit den Briefen vom Finanzamt. Solange man sie nicht öffnet, kann man sie wunderbar ignorieren. Aber wenn man sie dann geöffnet und den ersten Schock überwunden hat, ist man eigentlich erleichtert, das nicht mehr im Unterbewusstsein als Damoklesschwert mit sich herumzutragen.

Beschäftige dich ruhig mal intensiver mit deiner eigenen Vergänglichkeit. Denn es ist ein guter Weg dazu, im Hier und Jetzt die richtigen Entscheidungen zu treffen. Wer sich gedanklich ab und zu einmal intensiv mit dem eigenen Tod auseinandersetzt, der wird leichter Ängste im Alltag ablegen können und auch seine Prioritäten häufig anders setzen. Dinge bekommen eine andere Relevanz. Menschen, die dem Tod ins Auge sehen müssen, vielleicht mit 60, vielleicht erst mit 99, blicken sehr unterschiedlich auf ihr Leben zurück. Gemeinsam haben sie aber alle, dass ihnen am Ende nicht die Dinge wichtig sind, die dir heute vielleicht als besonders wichtig erscheinen. Die Auseinandersetzung mit der eigenen Endlichkeit kann das ein Stück weit ändern.

Nochmal zurück zur Statistik, die mir noch 48 Jahre verspricht (38 davon in einem halbwegs guten gesundheitlichen Zustand). All mein physischer Besitz wird mir als Leihgabe über diese Zeit noch zur Verfügung stehen. Leihgabe! Mitnehmen kann ich nichts. Was brauche ich also wirklich für diese 38 Jahre, um glücklich zu sein?

38 Jahre, das ist gar nicht mal so lange. Aber zu lange, um sie sinnlos dahinsiechen zu lassen. Zu lange, um in einem Leben zu verharren, das einem nicht mehr gefällt. Zu lange, um einen Job zu haben, den man hasst. Zu kurz, um es nicht sofort zu ändern.

Denke an den Menschen, der du in einigen Jahrzehnten sein wirst und tue ihm heute den Gefallen, so zu leben, dass er später einmal zufrieden zurückschauen kann. Du bist es ihm schuldig.

HÖR NICHT AUF MICH

Zuletzt möchte ich dich noch um eine Sache bitten. Dieses Buch hier ist voller Inspirationen und interessanten Geschichten über die Lebenswege anderer Menschen. Einige Abschnitte beziehen sich vor allem auf meine ganz persönlichen Erlebnisse und Erfahrungen. Mein Wunsch und meine Intention ist es, dass dir diese Dinge helfen und dich dieses Buch als Ganzes dabei unterstützt, ein Leben nach deinen eigenen Regeln zu führen. Ein Leben, in dem der Montag ein völlig normaler Tag für dich ist. Ein Leben, so wie du es dir wünscht, mit maximaler Freiheit in deinen Entscheidungen und mit Erfüllung.

Trotzdem ist dieses Buch nicht dazu gedacht, dass du es dir als Vorlage nimmst. Es ist keine Anleitung und soll als solche auch nicht verstanden werden. Ich verstehe mich nicht als Guru, und bin somit auch nicht auf der Suche nach einer Anhängerschaft, die mich nicht hinterfragt. Im Gegenteil. Ich fordere dich dazu auf, alles was ich sage und schreibe, zu hinterfragen. Wir sind zwei Individuen, und deine Geschichte ist eine andere als meine oder als die all der im Buch beschriebenen Menschen.

HÖR NICHT AUF MICH, HÖR AUF DICH!

Der Satz stammt aus einem Blogartikel von Mischa und der Aussage dieses Satzes möchte ich mich gerne anschließen. Hör immer nur auf dich! Man kann aus den Erfahrungen anderer Menschen lernen, sich inspirieren lassen und sich motivieren lassen, muss aber immer seinen eigenen Weg finden. Bücher und Blogs sind voller Ratschläge, die dir vorschlagen, das Leben des Autors zu kopieren, um erfolgreich zu sein. Das ist natürlich Quatsch, denn ich bin ich und du bist du. Zum Glück. Unsere Lebenswege und unsere Ziele sind völlig unterschiedlich, von unseren Talenten und Vorlieben mal ganz zu schweigen. Wir sind alle Individuen.

Hol dir also Inspiration und Motivation. Lerne von den Fehlern anderer. Eigne dir Wissen an, indem du Blogs und Bücher liest. Aber hör am Ende immer zuerst auf Dich. Nur weil jemand mit seinem Weg sehr erfolgreich war, muss es deswegen noch lange nicht der richtige Weg für dich sein. So funktioniert das wahre Leben nicht. Es gibt fast 7 Milliarden Wege da draußen, und jeder kann ans Ziel führen. Aber keiner davon wird zweimal gegangen. Dein Weg ist nur deiner, und deiner allein.

Egal was du machst, frage dich immer: Bin ich das?

Einen schönen Montag wünsche ich dir!
Der nächste kommt bestimmt.

www.ingramcontent.com/pod-product-compliance
Lightning Source LLC
Chambersburg PA
CBHW070857180526
45168CB00005B/1861